CB080480

A caminho do **prazer**

Dados Internacionais de Catalogação na Publicação (CIP)
(Câmara Brasileira do Livro, SP, Brasil)

Muller, Laura
A caminho do prazer : questionamentos, reflexões e práticas / Laura Muller. – Petrópolis, RJ : Vozes, 2025.

Bibliografia.
ISBN 978-85-326-7299-5

1. Perguntas e respostas 2. Prazer 3. Psicologia analítica 4. Sexo (Psicologia) 5. Sexologia I. Título.

25-287773 CDD-155.3

Índices para catálogo sistemático:
1. Prazer : Sexo : Psicologia 155.3

Cibele Maria Dias – Bibliotecária – CRB 8/9427

LAURA MULLER

A caminho do **prazer**

Questionamentos, reflexões e práticas

VOZES
NOBILIS

Rua Frei Luís, 100
25689-900 Petrópolis, RJ
www.vozes.com.br
Brasil

Editoração: Piero Kanaan
Diagramação: Monique Rodrigues
Revisão gráfica: Fernanda Guerriero Antunes
Capa: Editora Vozes
Ilustração de capa: Psiquê reanimada pelo beijo do amor, de Antonio Canova, Louvre. Fotografia de Jean-POL GRANDMONT.

ISBN 978-85-326-7299-5

Este livro foi composto e impresso pela Editora Vozes Ltda.

Aos meus pacientes, leitores e público,
com quem aprendo todos os dias nas
múltiplas possibilidades de interação.

Aos meus mestres e pares, que me levam
a descobertas aprofundadas acerca do
trabalho com a alma e para a alma.

Ao meu amor, minha família e meus
amigos, que me acompanham nessa
jornada indescritível do viver.

Aos editores e equipe, que se debruçaram
profissional e afetivamente sobre este
livro para ajudar a torná-lo o que é.

Sumário

PARTE 3
Atendimento clínico

Introdução

Este livro é destinado a variados públicos, audiências, leitores, pensadores. A temática central é esta: a prática do sexo. Com tudo o que envolve: sabores, prazeres, delícias, satisfações, realizações; dissabores, desprazeres, dores, incômodos, decepções. Sofrimento.

Sim, há muito sofrimento nesse campo, tanto físico quanto emocional, e talvez de outras esferas mais.

É a ereção que não vem. O orgasmo que não chega. A ejaculação que também não vem, ou que chega precocemente. A dor na penetração. A impossibilidade da penetração. A baixa ou ausência de desejo. E tudo o mais que essas disfunções, devidamente descritas e catalogadas em manuais científicos, podem trazer.

No entanto, não é necessário ser especialista nem ter um manual na mão para saber do que estou falando. Todos nós podemos viver (ou já vivemos, ou estamos vivendo) uma questão delicada, uma dificuldade, um sofrimento como o que estou dizendo aqui. Ou seja, o leitor, em geral, sabe bem da angústia-prazer que a prática do sexo costuma envolver.

E é para esse leitor em geral que começo a escrever aqui. A primeira parte do livro, de perguntas e respostas, é inspirada na minha trajetória como educadora sexual. Comecei, na verdade, não como sexóloga, mas como jornalista e editora de sexo da revista *Claudia*, em 1997. Lá, recebia infinitas cartas, ligações telefônicas e *e-mails* (sim, não havia redes sociais e as formas de comunicação com os leitores e as leitoras eram essas) de milhares de mulheres e também de algumas dezenas de homens com questões sexuais com as quais lidar. Respondidas por especialistas. Isso me inspirou, três anos depois, a lançar o meu primeiro livro, o *500 perguntas sobre sexo – Respostas para as principais dúvidas de homens e mulheres.* Essa obra foi baseada na minha monografia do curso de especialização em sexologia, concluído em 2000, na Sociedade Brasileira de Estudos em Sexualidade Humana (Sbrash), e marcaria a migração da minha carreira com o jornalismo, iniciada em 1991 na *Folha de S.Paulo*, para um universo gigantesco e variado de ações em educação sexual. E, posteriormente, para a minha trajetória como psicóloga clínica e analista junguiana, com consultório destinado a jovens e adultos, para atendimentos individuais, de casais ou até mesmo de famílias.

Sem querer me alongar demais (mas já me alongando, apesar de a meu ver estar resumindo ao máximo a minha trajetória, para não cansar você, leitor, com o meu percurso), acho pertinente trazer aqui também a minha chegada à televisão, que colocou um canhão de luz nos meus trabalhos como educadora sexual.

Antes mesmo de entrar para o time do programa *Altas Horas*, da Rede Globo, como a sexóloga de plantão para esclarecer dúvidas dos jovens da plateia, dos convidados famosos e também, claro, do público que nos assistia, já havia alguns anos que eu circulava pelas emissoras. Tudo começou com o lançamento do meu primeiro livro, quando fui a dezenas de entrevistas na TV para divulgá-lo. A primeira delas, lembro-me bem, foi no *Programa do Jô*, na Globo, em 2001. Antes de começar a gravar, senti medo, ansiedade, incômodos físicos, tudo e mais um pouco, no camarim. Afinal, estaria diante de uma pessoa extremamente capaz e famosa, para falar de uma carreira na qual eu estava recém-gabaritada. Mas encarei, e fui a essa e a outras tantas entrevistas mais, sempre com o objetivo de falar de forma clara, aberta, tranquila e, principalmente, esclarecedora sobre um dos temas mais tabus da nossa cultura, que é o sexo. E foi dando certo...

Comecei a dar palestras e mais palestras pelo Brasil afora, para jovens, adultos e terceira idade; e lancei, em 2006, o meu segundo livro, com a ideia de repetir o feito do primeiro, só que dessa vez para adolescentes. E foi ele, o *500 perguntas sobre sexo do adolescente*, que chegou às mãos da produção do *Altas Horas* e do Serginho Groisman, abrindo as portas para uma primeira entrevista por lá. No dia seguinte à gravação dessa entrevista, antes de o programa ir ao ar, recebi uma ligação do Serginho: "Quer ser contratada por três meses?" Aceitei na hora, pois minha alma de jornalista sabia do poder de alcance da mídia e do quanto isso seria transformador não só para mim, mas para o público em geral. Os conteúdos educativos na área da sexologia chegariam a milhões de pessoas, de uma só vez, a cada uma das minhas breves participações em um programa de TV daquela magnitude, naqueles três meses para os quais seria contratada.

E ainda hoje, escrevendo estas linhas, me emociono ao pensar que a ideia do Serginho de ter uma sexóloga no programa deu tão certo (e foi tão transformadora, como imaginava) que o nosso contrato se estendeu por 15 anos! Sim, fiquei na Globo, como educadora sexual, respondendo a infinitas perguntas sobre sexo, do início de 2007 até pouco depois do terror-tristeza-alvoroço da chegada da pandemia de covid-19 no Brasil e no mundo.

Saí do *Altas Horas* no início de 2022, quando já tinha me mudado de São Paulo, onde residi por mais de três décadas, e ido literalmente para o meio do mato, o campo, no interior de Minas Gerais, um resgate às minhas origens e uma transformação possibilitada pela modalidade consagrada de trabalho *online* que eclodiu com a pandemia. Mas isso é história para outra hora.

Estou contando tudo isso para dizer que sim, este livro que apresento a você, mais um sobre sexo, agora o sétimo na minha carreira de autora, vai abarcar o campo de perguntas e respostas para o público em geral. Há uma parte gigantesca dedicada a isso e extraída de trabalhos e reflexões anteriores como sexóloga.

Mas o conteúdo não para por aqui. Vai além, bem além…

Há outra parte neste livro destinada a psicólogos e sexólogos, em formação ou já atuantes. É quando começo a tecer uma teia, ou construir uma ponte, entre duas ciências, ou campos de conhecimento: a psicologia analítica e a sexologia. Talvez seja interessante, então, retomar um pouco mais da minha trajetória e o que me levou e me leva a essas costuras, às interligações entre teorias. Vamos lá: após a especialização em educação sexual, o lançamento do primeiro livro, as entrevistas de divulgação da publicação, as palestras e outras centenas de ações nesse campo da sexologia, além dos escritos (colunas, artigos etc.) para revistas como *Claudia*, *Nova*, *Elle*, *Marie Claire*, *Playboy*, *VIP* e uma dezena mais, bem como textos para *sites* e outros espaços que emergiam na internet (ou seja, fazendo uma produção gigantesca de conteúdo enquanto era jovem e dava conta desse ritmo), surgiu uma questão, ou angústia, bem intensa em mim.

Algo reverberava na minha cabeça e em todo o meu ser: "está faltando alguma coisa, algum estudo a mais, alguma base maior, algum tipo de ampliação e/ou de aprofundamento". Aliado a isso, muitas pessoas, ao final das minhas palestras, perguntavam se poderia atendê-las em consultório, campo destinado exclusivamente a sexólogos cuja formação é em medicina ou psicologia. E veio o *insight*: preciso me tornar psicóloga, ampliar os conhecimentos acerca da psique e me capacitar para atender as pessoas em consultório. Foi o que fiz: em 2008, estava formada e com as portas do consultório abertas na cidade de São Paulo.

A jornada a partir daí ganharia outro colorido. Ou melhor, outra dimensão: algo mais amplo, mais profundo, mais avassalador, que transformaria minha prática como sexóloga, pois agregaria um profundo mergulho na alma humana e no modo de enxergar todas as coisas. Nesse caminhar, me identifiquei com a psicologia analítica e, anos mais tarde, fui fazer outra especialização, a formação em análise junguiana pelo Instituto Junguiano de São Paulo (Ijusp), filiado à Associação Junguiana do Brasil (AJB) e à International Association for Analytical Psychology (IAAP).

Trouxe aqui tudo isso para contar para você, leitor, que há também uma parte ampla e profunda sobre a minha *práxis* no consultório como analista junguiana que sou. E é a conversa bem azeitada (refletida, revista, estudada, digerida, ponderada) entre esses campos de conhecimento, a psicologia analítica e a sexologia, que compuseram e compõem a minha jornada de trabalho, de aprendizados, descobertas e reflexões, ou seja, o corpo de conhecimentos sobre os quais me debruço todos os dias, que vou trazer aqui para você que atende, ou planeja atender, em consultório às queixas que nos chegam relacionadas às disfunções sexuais. Queixas que tanto nos incomodam nessa nossa atualidade ainda tão cheia, infelizmente, de mitos, tabus, preconceitos e desinformação.

Vale informar também que a linguagem que utilizo ao longo deste livro tem características bem específicas em cada parte. Na primeira delas, de perguntas e respostas, é uma linguagem mais do dia a dia, para que a comunicação se dê de forma clara e para uma pluralidade de leitores. Já nas partes posteriores, mais direcionadas a psicólogos e também sexólogos, e com ênfase na abordagem junguiana, a linguagem inclui verbetes, pensamentos, ideias, modos de colocar as coisas pertinentes a esses campos de conhecimento. Nesse sentido, perde a característica de ser do dia a dia da parte inicial do livro, e adquire um tom que se aproxima do linguajar das referidas ciências e suas elaborações.

Para caminharmos um pouco mais aqui, mas ainda a título de introdução, vale afirmar que a vivência da sexualidade pode trazer consigo infinitas possibilidades de prazer, mas também uma série de disfunções ou transtornos sexuais, conforme nomeados no DSM-5 (*Manual Diagnóstico e Estatístico de Transtornos Mentais*, Edição Número 5, 2023), e em outras formas de classificação de doenças.

Tais dificuldades emergem, conforme aponta a sexologia, ao longo da resposta sexual, que é como o corpo humano reage aos estímulos eróticos percebidos via imaginação e órgãos de sentido, e é composta por quatro fases, a saber: desejo, excitação, orgasmo e resolução. E há todo um corpo de conhecimentos em sexologia que propõe formas de diagnóstico, abordagem e tratamento das disfunções. Em psicologia analítica, no entanto, há escassez de literatura acerca da prática do sexo em si, apesar de o próprio Jung trazer, em vários momentos de sua obra, reflexões e observações que muito nos auxiliam na compreensão clínica da temática.

Os escritos destas próximas páginas visam, portanto, abarcar essas dimensões, cada qual a seu tempo, bem como mergulhar na literatura de Jung e junguianos a fim de tecer costuras entre as abordagens (a psicologia analítica e a sexologia), que possam auxiliar o trabalho clínico em psicologia profunda com as queixas que chegam aos consultórios acerca de dificuldades sexuais. Vale salientar, desde já, que tais queixas podem ser vistas como sintomas de algo que não vai bem na psique. É o corpo apontando o que a alma quer que saibamos e, como nos mostra James Hillman, ouçamos com o coração, neste mundo almado, e adoecido.

Nosso caminhar começará literalmente pelo início, com noções básicas acerca da vivência sexual, a serem esclarecidas em formato de perguntas e respostas, e destinadas, conforme já expliquei nesta introdução, não só a profissionais como psicólogos e sexólogos, mas sim a todo e qualquer leitor que se interessar pela temática da prática do sexo, com seus prazeres e suas dificuldades.

PARTE 1

Perguntas e respostas

Um esclarecimento inicial

Quem é adulto hoje (escrevo em 2025) não teve aulas de educação sexual na infância e adolescência. Afirmo isso por mim, que neste momento tenho 55 anos, e também por você, se estiver na faixa dos 30, 40, 50 ou mais. Se for mais jovem, na faixa dos 20, pode até ser que tenha tido. E se algum adolescente estiver passeando por aqui, é esperado que sim, que tenha passado (e esteja passando) por ações educativas na escola no campo da sexualidade, ou seja, recebendo a chamada educação sexual.

Explico isso fazendo contas com as datas históricas nesse universo educativo. Comecemos com a chegada da aids (da doença, do vírus HIV) no Brasil e no mundo. Isso se deu nos anos de 1980. A partir dali, toda uma mudança em relação à prática do sexo se daria em um cenário inicial de muitas mortes, preconceito e desinformação.

Por aqui pelo nosso país, os anos de 1990 foram marcados por intensas campanhas e ações educativas quanto ao uso de preservativos e a necessidade de se testar e aderir ao tratamento. E o Brasil foi se revelando como referência mundial em políticas públicas de enfrentamento ao Vírus da Imunodeficiência Humana (HIV).

Mas e a população adolescente? Ah, essa só entrou na mira a partir de 1997, quando os estudos científicos começaram a apontar algo (e a dar *insights*) sobre o momento em que se tomava contato com o vírus HIV, o causador da aids. Ou qualquer outro vírus de transmissão sexual. E era quando? Na adolescência, ou seja, no momento da iniciação sexual. Então a gente (como sociedade, como educadores, como pais e mães, como especialistas) precisava orientar também a quem, além dos adultos (a essa etapa já sabido que aids não escolhia gênero, nem raça, nem nada mais; era uma doença "de todos") com as campanhas preventivas e outras ações?

Sim, era preciso falar com o jovem, com o adolescente, e começar o trabalho educativo desde a infância. Foi aí que, em 1997 (mais de uma década após o mundo estar lidando com aids), duas grandes transformações (ou tentativas de mudança) se deram no cenário nacional. Uma delas foi a inclusão, por sugestão dos Parâmetros Curriculares Nacionais, do tema Sexualidade como assunto transversal no ensino escolar em todo o país, a partir da entrada da criança na escola (entre 6 e 7 anos de idade). Os conteúdos deveriam considerar, em linhas gerais, o conceito mais amplo de sexualidade, aquele mais próximo das psicologias de Jung e Freud: sexualidade como um modo de ser no mundo, e não apenas como a prática do sexo. Um modo de agir, de lidar com nosso mundo interno (nossos valores, crenças, limites e possibilidades) e com o mundo ao redor (nossas parcerias, a sociedade como um todo, o ambiente ou universo no qual estamos inseridos). Olhando dessa forma, pais e mães, ou nossas significativas referências de adulto durante a infância, nossos primeiros modelos de ser humano, de como ser alguém no mundo, são nossos primeiros educadores sexuais. A casa, portanto, iniciaria o trabalho educativo em sexualidade, e continuaria nessa hercúlea tarefa em colaboração com a escola, a partir dos 6 ou 7 anos de idade.

E o que a escola ensinaria? E como? O tema deveria aparecer perpassando as disciplinas, e sempre que emergisse em sala de aula, em exemplos e outras formas de abordá-lo, de maneira clara, sem preconceito e juízos de valor, mas também com ações específicas (aulas, palestras, oficinas, entre outros). Os conteúdos deveriam evoluir conforme a evolução da criança, o passar do tempo, até a fase adolescente, começando com noções básicas acerca do corpo feminino e masculino, passando pela diversidade de jeitos de ser e chegando aos conteúdos sobre sexo propriamente dito próximo à entrada da pré-adolescência, ou seja, por volta dos 11 ou 12 anos de idade, ou até um pouco antes, quando a menina ou o menino veem seus genitais amadurecerem e já estão aptos, se tiverem uma relação sexual com penetração na vagina, a engravidar. Como não queremos que uma gravidez ocorra tão precocemente, já que nem o corpo físico nem o emocional estão prontos para isso, então é necessário esclarecer bem as coisas e orientar.

Poderia ficar páginas e páginas falando sobre isso, mas educação sexual da criança e do adolescente talvez seja tema para outros livros (já até escrevi três sobre isso, um para professores e pais, e dois para os adolescente em si, mas infelizmente todos esgotados, talvez disponíveis em uma ou outra livraria *online*). Por isso, vamos concluindo por aqui, não sem antes apontar a segunda transformação que se deu já no fim do século passado.

Foi em relação às campanhas regionais e nacionais de prevenção ao contágio do HIV, que a partir de 1997 começaram também a ser dirigidas ao público adolescente, ao mundo jovem, até então ignorado nesse tipo de ação. A partir dali, todo um universo entraria no escopo, e lentamente a mídia iria aderindo também. Digo lentamente porque, no início, uma revista ou outra, um *site* ou outro, se arriscava a falar sobre sexo para o mundo adolescente, um cenário bem diferente do que vemos hoje. Nessa época, primeiro começamos como mídia falando mais sobre sexualidade para a mulher, um público que se interessava bastante e que "levava" a informação até o homem. Foi só depois que o público masculino entrou no escopo, talvez juntamente com a população jovem.

Enfim, para concluir de fato essas linhas, nos anos 2000, quando as escolas parcialmente começaram a trazer conteúdos educativos em sexualidade (e ainda hoje, vale dizer, não são todas que o fazem), eu já tinha 30 anos. Se você tinha 20, ou 10, não sei se foi contemplado por tais ações. Não sei se se iniciou sexualmente sabendo o suficiente sobre sexo e sexualidade. Não sei se hoje já esclareceu a maior parte de suas dúvidas em relação ao tema.

Então, esta parte do livro é para você, querido leitor. Seguem perguntas e respostas diversas, que falam basicamente de prazer sexual e das possíveis dificuldades na obtenção dele, além de apontar ideias iniciais de como lidar com todo esse caldeirão. Vamos? Venha comigo nas próximas páginas, talvez você se surpreenda com as respostas.

Convido também a você que já é especialista no tema, ou está em formação, e que trabalha ou quer trabalhar com atendimento às disfunções sexuais. As perguntas a seguir podem dar uma ideia de que jeito as questões, ou dúvidas, chegam até nós nos consultórios, entremeadas (ou embutidas, disfarçadas, veladas, ocultas) nas queixas, nos desabafos, nas angústias, nas preocupações.

Vale lembrar: o ritmo das perguntas e respostas a seguir trazem uma visão geral do que se trabalha em educação sexual. Ou seja, respostas mais breves, que se propõem a um começo de conversa sobre cada tópico.

Boa leitura!

Prazer e dificuldades

A seguir, há uma sequência de 125 perguntas e respostas, extraídas de minhas publicações, interações e ações educativas em sexologia. A ideia é tecer um panorama geral sobre os temas: prazer e dificuldades sexuais; sem a pretensão, claro, de esgotar o assunto, que é gigantesco (e infinito). Há questões sobre orgasmo, ejaculação, ereção, desejo e penetração.

..... Questões sobre orgasmo .....

1. Não consigo ter orgasmo. Por quê?

Preocupações das mais variadas podem causar a dificuldade de ter orgasmo, seja na mulher, seja no homem. Ficar pensando, na hora do sexo, coisas do tipo "Será que eu vou conseguir?" ou "Por que é que eu não consigo logo?" atrapalham ainda mais a obtenção do prazer. Não se cobrar tanto e procurar conhecer o próprio corpo e seus mecanismos de prazer são dicas para aprender o caminho para o orgasmo. Repensar a visão que você tem sobre sexo e sexualidade também pode auxiliar nesse processo: será que você encara a prática como algo errado, sujo ou de outra forma negativa? Somos fruto de uma história da sexualidade que sempre foi muito repressora, o que pode deixar resquícios negativos na hora de sentir prazer sexual e atingir o orgasmo. Experiências sexuais traumáticas, como abusos, sexo à força, sem vontade ou quando a pessoa não se sente pronta também podem impedir a chegada ao clímax. De qualquer modo, há tratamento: o especialista indicado para isso é o psicólogo.

2. Causas físicas podem atrapalhar?

Talvez. Infecções Sexualmente Transmissíveis (ISTs), por exemplo, que causam coceira, ardência e incômodo na região dos genitais, podem atrapalhar o prazer e a consequente obtenção do orgasmo, que é o ponto máximo da estimulação sexual. A dica é consultar um médico (ginecologista para as mulheres; urologista para os homens) a fim de tratar quaisquer doenças ou questões físicas que atrapalhem a sua saúde e o seu prazer. Excluídas as causas físicas, se a dificuldade de orgasmo persistir, então é sinal de que há algo emocional em jogo prejudicando o seu prazer. Isso vale tanto para o prazer feminino quanto para o masculino, e para ambos o especialista a se procurar é o psicólogo.

3. Como se faz para aprender a alcançar o clímax?

Num primeiro momento, é importante investigar o que pode estar incomodando a ponto de afastar esse máximo de prazer. São questões físicas? Emocionais? Religiosas? Questões culturais? De aprendizado? Ou seja, investigue--se e procure ajuda se achar necessário. O médico ginecologista cuida das questões físicas nas mulheres; e o urologista, nos homens. O psicólogo pode ajudar a lidar com as questões emocionais – e também a refletir sobre outras questões. O próximo passo pode ser procurar conhecer mais o seu próprio corpo e os mecanismos de prazer. Aí a dica é a masturbação: os sexólogos são unânimes em afirmar que tocar o próprio corpo para sentir prazer pode ajudar a aprender o caminho para o orgasmo.

4. Tenho que ter orgasmos sempre?

Claro que não. Obrigatoriedades desse tipo só fazem mal. Assim, a pessoa fica ansiosa, começa a se cobrar demais e corre o risco de se frustrar. Buscar o prazer não significa persegui-lo a todo custo. Ter calma e paciência consigo talvez seja o melhor caminho para ser mais feliz na cama.

5. Nunca tive orgasmo. O que há de errado comigo?

Como falamos nas questões anteriores, não conseguir chegar ao orgasmo é um problema de fundo psicológico, na maioria das vezes. Essa dificuldade sexual, chamada de anorgasmia, pode ter uma infinidade de causas, relacionadas sobretudo a uma visão negativa do sexo e da sexualidade, além de cobranças que cada pessoa faz de si mesma, medos, preocupações e pouco conhecimento dos próprios mecanismos de prazer. Para saber exatamente o que está ocorrendo com você, será preciso investigar com a ajuda de dois especialistas: o médico ginecologista ou urologista, para avaliar se há questões físicas atrapalhando o seu prazer; e o psicólogo, para lidar com as possíveis questões emocionais.

6. Outras mulheres também enfrentam dificuldade para atingir o clímax, ou isso é só comigo?

Ter dificuldade para chegar lá é um problema que atinge uma parcela significativa das mulheres (cerca de 30%, segundo diversas pesquisas). A boa notícia é que há tratamento para todos os casos de dificuldades sexuais, sejam das mulheres, sejam dos homens. Basta buscar ajuda de especialistas, como foi dito nas questões anteriores.

7. Há algum remédio que me ajude a ter orgasmos?

Não. Essa pílula milagrosa ainda não foi inventada. O caminho mesmo é aprender a se conhecer melhor, revendo suas questões emocionais e descobrindo seus mecanismos de prazer.

8. Quanto tempo dura cada orgasmo?

Varia de pessoa para pessoa, mas, em geral, dura de oito a dez segundos, tanto para os homens quanto para as mulheres.

9. Não sei se já tive algum orgasmo na vida. Como é a sensação?

O orgasmo é marcado por instantes de um intenso prazer, seguidos de uma sensação profunda de relaxamento.

10. Nunca chegar ao orgasmo faz algum mal para a saúde?

Claro que não. Cada um vive o sexo à sua maneira. No entanto, há pessoas que, quando não chegam ao orgasmo, se queixam ao sair da cama com uma sensação incômoda de irritação e insatisfação.

11. Senti algo bem leve outro dia. Posso ter chegado ao clímax?

Pode sim. Em alguns dias, os orgasmos são mais fortes. Em outros, mais fracos. O que determina essa intensidade muitas vezes é a excitação: quanto mais tempo a pessoa a mantém em um nível elevado, mais intenso será o clímax. Além disso, há a questão da parceria: em um relacionamento mais apaixonado e envolvente, os orgasmos costumam ser mais intensos.

12. Tive um orgasmo incrível outro dia. Como faço para ser assim toda vez?

Não adianta querer que os orgasmos sejam sempre iguais. Isso é impossível. Nem se você tentar reproduzir exatamente tudo o que fez naquele dia do orgasmo incrível. Isso porque os fatores que influem no clímax sexual são variados. Entre eles, o seu estado emocional conta muito: às vezes, a pessoa está mais cansada, estressada ou mal-humorada e nem se deu conta disso. Nesse momento, por exemplo, o orgasmo vai ser certamente diferente. Mas essa é a graça do sexo: a cada vez, uma surpresa. Não é mesmo?

13. Dá para saber quando a mulher está fingindo?

É muito difícil perceber isso. O melhor é jogar limpo: o casal pode e deve conversar francamente sobre o prazer sexual para, caso encontre dificuldades, poder buscar ajuda se necessário e descobrir caminhos para virar o jogo.

14. Eu finjo. E agora?

Dizer a verdade é sempre melhor. Ao abrir o jogo, você pode e deve fazer, de quem está ao seu lado, uma pessoa aliada, para que ela ajude você a chegar ao orgasmo.

15. Sinto um ressecamento vaginal e não consigo chegar ao orgasmo. Uma coisa tem a ver com a outra?

Talvez sim. Ressecamento vaginal pode ser fruto de uma infecção ou de outro problema na região. Ou de uma queda hormonal, o que costuma ocorrer na menopausa ou após uma cirurgia de retirada dos ovários. Mas também pode significar que você não está se excitando o suficiente durante a relação. E, sem se estimular o bastante, não há como ter orgasmo. O melhor é investigar isso tudo, começando pela visita ao ginecologista para descobrir e tratar as possíveis causas de sua falta de lubrificação.

16. Sinto vontade de urinar durante o sexo e isso atrapalha o meu orgasmo. Por que isso acontece comigo e o que fazer?

A vontade de urinar ocorre naturalmente quando a bexiga está cheia. A saída é simples: ir ao banheiro e esvaziá-la antes do sexo. Mas, se ocorrer de novo durante a prática sexual, é só parar um momento para ir ao banheiro. Assim você pode continuar com mais tranquilidade a vivenciar a troca de carícias e o prazer sem incômodos nem preocupações.

17. Qual é a melhor posição para a mulher alcançar o clímax?

Será aquela em que ela se sentir mais confortável. Para a maioria das mulheres, orgasmo depende de estimulação contínua do clitóris, que é o principal órgão de prazer feminino, seja com as mãos, seja com um brinquedo erótico ou até mesmo o movimento dos corpos. Então, busque posições em que esse tipo de carícia ocorra com maior facilidade.

18. Ela não goza com a penetração. Por quê?

Talvez porque o principal órgão de prazer feminino seja o clitóris: para a maioria das mulheres, são os toques diretamente nesse órgão (com o sexo oral ou a masturbação) que levam mais facilmente ao orgasmo. Para atingir o orgasmo com a penetração (vaginal ou anal), uma dica é manter as carícias no clitóris durante toda a transa. Ou movimentar os corpos, de forma que o clitóris permaneça massageado ao longo da penetração.

19. Posso ter orgasmos múltiplos?

Talvez. Nem todas as mulheres conseguem ter. Depende do organismo de cada uma, e não de treino ou algo parecido, ao contrário do que muita gente pensa. Isso porque cada pessoa nasce de um jeito: cerca de 10% das mulheres nascem com a característica de ter vários orgasmos seguidos, porém menos intensos, ao longo da relação. Esses são os orgasmos múltiplos. No entanto, a maioria (90%) nasce com a característica de atingir o clímax uma vez ao final da relação. Quem é desse jeito pode ter outros orgasmos no mesmo dia ou na mesma transa, mas não serão sequenciais como os orgasmos múltiplos.

20. Se eu quiser ter dois orgasmos numa mesma noite, o que preciso fazer?

Se você não for uma mulher com a característica de ter orgasmos múltiplos, aí sim precisará de calma e treino para encontrar seu jeito de conseguir mais de um orgasmo ao longo do sexo. Depois do primeiro, a excitação diminui. Busque os estímulos eróticos que lhe dão mais prazer, prenda-se mais tempo aos toques de que mais gosta, use um brinquedo erótico, como um massageador de clitóris. É improvável que você consiga logo na primeira tentativa. Tente de novo em outras oportunidades. Só não comece a cobrar demais de si mesma. Senão, o que tinha tudo para ser motivo de mais prazer pode se tornar um incômodo, e virar um problema (desnecessário).

21. O orgasmo de uma mulher tem a ver com o homem, ou a mulher, que está com ela?

Quem está com ela na cama influencia, é claro, independentemente de ser um homem ou uma mulher. Isso vai depender de como o casal se encaixa (dentro e fora da cama) e vive o dar e o receber dos prazeres. Porém, o mais importante para chegar ao clímax é a própria pessoa: a cabeça dela e o estado emocional, além do conhecimento do próprio corpo e dos seus jeitos de obter mais prazer.

22. Idade interfere?

Não necessariamente. O que muitos sexólogos apontam é que a idade muda o jeito de sentir o orgasmo: na adolescência, costuma ser mais explosivo, porém menos satisfatório do que na fase adulta, por exemplo. Já na fase mais madura e na terceira idade, o processo de envelhecimento traz desafios físicos e que requerem, muitas vezes, idas ao médico para tratá-los: por exemplo, no universo feminino, ver o que pode ser feito para amenizar os sintomas de ressecamento vaginal e atrofia da vulva na pós-menopausa; ou no universo masculino, tratar de uma possível baixa de testosterona, que pode influir no desejo e no pique para o sexo. Outro ponto que pode se alterar é quanto cada pessoa fica à vontade com o próprio corpo, a fim de encontrar seu caminho para o clímax: há quem relate que esse conforto só vem com o tempo e a maturidade. Mas isso não é uma regra, e muitos jovens costumam aprender o caminho para o orgasmo desde o início das atividades sexuais.

23. Nos filmes, vejo mulheres gritando muito de prazer. Eu não sinto isso. Sou normal?

Claro que é. O cinema não é exatamente igual à vida real. Filme é ficção, e lá há orgasmos maravilhosos, encenados dentro de uma bela coreografia, e executados sob medida para valorizar a cena. Quer dizer, as atrizes capricham na encenação de um orgasmo. No dia a dia, na vida ao vivo, não costuma ser assim, você não acha?

24. Por que tenho orgasmos enquanto durmo, sem estimulação física?

Em linhas gerais, uma possível e simples explicação é que, durante o sono, seu corpo relaxa e "descarrega a bateria". Pode ser que descarregue também uma energia sexual acumulada.

25. Qual a diferença entre orgasmo vaginal e clitoridiano?

Não há. Na verdade, o orgasmo vaginal e o clitoridiano são uma coisa só, pois as contrações de prazer do orgasmo percorrem toda a região genital: se iniciam lá dentro, no útero, passam pelo canal vaginal (e todo o entorno) e terminam no clitóris.

26. Há diferença entre o orgasmo do homem e o da mulher?

Acredita-se que não. Homens e mulheres podem ter a mesma intensidade de orgasmo, apesar de o clímax variar de acordo com a pessoa, sua estimulação sexual e seu momento de vida.

27. Por que é mais difícil para a mulher ter orgasmo do que para o homem?

Uma possível explicação é que o homem, desde pequeno, aprende a ter um contato saudável com o pênis, seu principal órgão de prazer. É assim desde que o menino completa mais ou menos dois anos de idade e tira as fraldas de vez: ele passa então a manusear seu pênis naturalmente, várias vezes ao dia, para urinar. Já as meninas, muitas vezes, aprendem a tocar o menos possível a vagina. Ou até mesmo a fugir dela, em geral pelo medo de que qualquer coisa possa romper o hímen e, assim, fazer com que ela perca a virgindade. Nessa história feminina, há muita falta de informação. Na verdade, a mulher deveria desde cedo também ter contato com a própria região vaginal, a fim de cuidar dela da melhor forma possível e de conhecer seu funcionamento. O resultado desses jeitos diferentes de homens e mulheres lidarem com os genitais pode ser, entre eles, uma maior dificuldade feminina de conhecer o próprio corpo, seus mecanismos de prazer e o seu jeito de chegar mais facilmente ao orgasmo.

28. Para ter orgasmos com a facilidade que a maioria dos homens têm, falta às mulheres apenas conhecer melhor o próprio corpo?

Não, esse é apenas um dos pontos a serem transformados. Há também a questão emocional, e talvez essa seja a mais importante. O ser humano é fruto de séculos de uma repressão sexual muito forte, especialmente em relação às mulheres. Digo sempre nas minhas palestras e ações pelo Brasil afora que, na época das nossas avós e bisavós, por exemplo, a mulher "direita" não podia sentir desejo nem prazer sexual, muito menos ter orgasmos. Somos fruto dessa cultura, e talvez esse pensamento equivocado ainda esteja presente de alguma forma na cabeça de uma parcela das mulheres. Hoje sabemos que não há nada de errado em ter uma vida sexual saudável e com prazer. É preciso, portanto, dar novos e positivos significados ao sexo para se conseguir, de fato, sentir prazer na cama.

29. Dá para atingir o clímax junto com a pessoa que está comigo?

Chegar ao orgasmo juntos é um dos mitos da nossa cultura. São poucas as vezes em que isso é possível. Cada pessoa tem um ritmo sexual. Ou seja, reage de uma forma às carícias e práticas sexuais. Querer acertar a sintonia não é fácil. Pior: pode causar uma enorme preocupação, nociva ao prazer e totalmente desnecessária. Vale mais a pena cada pessoa respeitar seu ritmo e chegar ao clímax em seu tempo e à sua maneira.

30. O que é melhor: o homem ou a mulher chegar lá primeiro?

Na verdade, cada casal é que precisa encontrar seu melhor jeito. Mas, em muitos casos, a dica é a mulher chegar primeiro ao orgasmo. Por variadas razões: a primeira delas é que a mulher demora mais tempo para se estimular do que o homem. Concentrar as carícias inicialmente nela ajuda a acertar a sintonia do casal. Outro motivo: o homem, depois do orgasmo, entra quase de imediato na fase chamada de refratária, aquela em que seu corpo não vai mais responder aos estímulos eróticos e o pênis perderá naturalmente a ereção. Ou seja, caso o homem atinja logo o orgasmo, a mulher corre o risco de não conseguir mais ser estimulada o suficiente para também chegar lá. Entretanto, se a mulher atinge o orgasmo antes do parceiro, ela consegue continuar as carícias até chegar o momento de ele atingir o clímax. Assim é maior a chance de ambos se satisfazerem.

31. Demoro demais para chegar lá. Como acelerar?

Não há muito o que fazer, pois o ritmo do seu corpo deve ser esse. O que dá para tentar é buscar novos estímulos: um toque diferente, outras posições, locais novos para transar ou o que mais vier à imaginação. Isso pode fazer com que você se excite mais rapidamente. Aí o orgasmo pode vir também em menos tempo.

32. Ele não segura o orgasmo pelo tempo que eu gostaria. O que devo fazer?

O que você precisa fazer é se estimular um pouco mais do que ele. Pode tentar se estimular sozinha ou com ele, dando prioridade às carícias no seu corpo no início da transa, para que você se aqueça um pouco mais do que o parceiro. Em geral, a masturbação ou o sexo oral costumam ser práticas bastante certeiras para estimular a mulher, pois massageiam diretamente o clitóris, que é o principal órgão de prazer feminino.

..... Questões sobre ejaculação .....

33. Ejaculação e orgasmo são a mesma coisa?

Não. A ejaculação em geral acompanha o orgasmo masculino, por isso as pessoas acham que é a mesma coisa. Mas orgasmo é uma coisa, ejaculação outra. O orgasmo é uma sensação de grande prazer, seguida de um profundo relaxamento. A ejaculação masculina é a emissão do sêmen, provocada pelas contrações que o orgasmo traz para a região do pênis.

34. Naqueles filmes eróticos que mostram mulheres lançando jatos na hora do orgasmo, isso é ou não ejaculação feminina?

Isso tem sido chamado de ejaculação feminina, sim. Há mulheres que relatam que seu corpo libera pequenos jatos de líquido durante o orgasmo. Mas isso não é regra. Nem vale a pena ficar se preocupando em ter esse tipo de reação durante o orgasmo feminino. Vale lembrar que o clímax da maioria das mulheres costuma ser marcado apenas por uma sensação de intenso prazer, seguida de um profundo relaxamento. Ou seja, a mulher em geral tem esse clímax e não precisa ser seguido da liberação de líquido algum. Isso é natural e o mais comum de ocorrer.

35. Afinal, mulher ejacula ou não?

Além das mulheres que relatam liberar um jato de líquido na hora do orgasmo, há também aquelas em que a lubrificação vaginal é liberada pela região em maior quantidade na hora do clímax. E isso tem sido chamado de ejaculação feminina.

36. A secreção que sai da vagina é considerada orgasmo?

Como falamos nas questões anteriores, o que caracteriza o orgasmo é a sensação de máximo de prazer, acompanhada de uma sequência de contrações musculares, principalmente em torno da vagina e na região do clitóris. A saída de secreções, um certo jato, ou a liberação de uma quantidade maior de líquido lubrificante não são o orgasmo em si.

37. O que é essa ejaculação masculina que às vezes ocorre durante o sono?

É chamada de polução noturna e costuma ocorrer na fase da puberdade como sinal de que os genitais do menino amadureceram e já estão produzindo espermatozoides. Mas o homem adulto também pode apresentar esse tipo de ejaculação, e aí talvez tenha a ver com o que falamos numa das questões anteriores sobre prazer e tensão sexual "acumulados": pode ser que, durante a noite de sono, o corpo se incumba de descarregar essa energia sexual, talvez estimulado por sonhos eróticos.

38. Ele ejacula rápido demais. Por quê?

Ejacular rapidamente em geral tem a ver com a ansiedade muito elevada do homem. Se essa ejaculação ocorrer sem que ele esteja buscando o orgasmo nem sinta prazer, pode ser o caso da dificuldade sexual chamada de ejaculação precoce. Mas pode ser também que a rapidez não seja dificuldade sexual alguma: apenas o tempo natural até o homem chegar ao orgasmo, que costuma ser bem menor do que o tempo necessário para a mulher atingir o clímax. Qual será o caso de vocês? Para investigar ao certo (e tratar, se necessário), talvez uma visita ao psicólogo possa ajudar. Vocês podem se consultar como casal ou individualmente: fica a critério da dupla.

39. Eu tenho ejaculação precoce. Qual será o motivo?

As causas da ejaculação precoce são basicamente emocionais e costumam envolver altas doses de ansiedade. Podem estar, por exemplo, também relacionadas ao medo de não conseguir manter a ereção durante toda a transa, ou de a prática sexual ser, de alguma forma, insatisfatória. Nesse caso, o homem "procura", mesmo que não tão consciente disso, ejacular rápido, antes que uma possível falha ocorra. Mas tem tratamento: um dos especialistas a procurar é o psicólogo, para um mergulho nas questões emocionais que estão dificultando o controle da ejaculação; e talvez também o médico psiquiatra, para verificar a necessidade de uso de alguma medicação que amenize a ansiedade tão elevada. Outro especialista que o homem deve visitar é o médico urologista para verificar como está a saúde hormonal e da região genital como um todo, e tratar o que for necessário. A visita ao urologista, aliás, pode e deve ser feita de tempos em tempos (por exemplo, uma vez ao ano, talvez) como uma modalidade preventiva para exames (e tratamentos) relacionados à saúde sexual como um todo.

40. Tem alguma técnica ou exercício para curar a ejaculação precoce?

Uma dica é, durante a masturbação, tentar perceber o momento em que está perto do orgasmo e da ejaculação e interromper um pouco a estimulação para tentar adiar essa chegada do clímax. E repetir esse exercício até adquirir maior controle. De qualquer forma, vale lembrar: a ejaculação precoce tem a ver com ansiedade em excesso, e o tratamento é feito com a ajuda de um psicólogo e talvez também de um psiquiatra.

41. Há remédios que funcionem?

Alguns remédios ajudam a controlar a ansiedade em geral, mas na maioria dos casos apenas isso não basta. É preciso mesmo procurar um psicólogo para uma investigação profunda sobre essa tamanha ansiedade na hora do sexo e qual o sentido dessa dificuldade sexual, numa tentativa de ganhar maior consciência sobre si e tratar a dificuldade em questão.

42. Vez ou outra, ejaculo antes de satisfazer minha parceira. Estou com um problema sério?

Se esse quadro é ocasional, não há por que se preocupar. A maioria dos homens pode ter a ejaculação precipitada em uma situação de grande tensão erótica. No entanto, se isso está ocorrendo com muita frequência, pode ser sinal de uma dificuldade que requer mais atenção e tratamento. Aí a dica é procurar, o quanto antes, ajuda: conforme falamos aqui anteriormente, de especialistas, como o psicólogo, para investigações e tratamentos.

43. Como saber se tenho ejaculação precoce ou se é ela que demora?

Vai depender do prazer do homem: se a ejaculação acontece em instantes, sem que ele sequer tenha sentido prazer, aí talvez seja o caso de ejaculação precoce. Mas se a ejaculação ocorre porque o casal está se estimulando e o homem chega num ponto máximo de prazer, em que não consegue mais segurar o orgasmo, aí talvez seja apenas o jeito de o corpo masculino funcionar na cama. Em geral, o homem chega mais rapidamente ao orgasmo (que é seguido da ejaculação) do que a mulher (falamos disso em perguntas anteriores também, no caso, sobre orgasmo feminino).

44. O sexo com minha namorada é rápido demais. Com outras mulheres, sempre foi normal. Tenho ou não ejaculação precoce?

Se o sexo com sua namorada faz com que você fique muito mais ansioso, é possível, sim, que a ejaculação precoce ocorra apenas com ela. Mas calma que tem solução: procure um psicólogo para virar o jogo. Ou tente refletir e descobrir os motivos dessa ansiedade elevada. Aprender a ficar mais calmo na hora do sexo é o primeiro passo para lidar bem com o controle da ejaculação.

45. Dá para ejacular duas vezes seguidas ou isso é lenda?

Essa possibilidade existe, sim. Em situações de grande interesse erótico, quando o nível de desejo é muito alto, podem ocorrer duas ejaculações seguidas, num prazo muito curto. Mas isso é bem raro de ocorrer.

46. Sai do meu pênis uma quantidade bem pequena de um líquido que parece esperma. É ejaculação precoce?

Não. Na fase de excitação, é natural que uma pequena quantidade de líquido lubrificante, como uma gota, seja expelida pelo pênis antes da ejaculação. Essa gota serve para limpar o canal por onde o sêmen será lançado durante a ejaculação. Alerta: essa gota já pode conter espermatozoides e engravidar a parceira.

47. É possível ter orgasmo sem ejacular?

Isso não é comum de ocorrer, mas é possível. Se esse fato acontecer ocasionalmente, não é sinal de nenhuma alteração no seu organismo. Se for frequente, pode se tratar de ejaculação retrógrada: em vez de o esperma ser expelido, vai para a bexiga. Em geral isso ocorre em situações bem específicas, como após uma cirurgia mais radical de próstata. Mas não afeta o prazer nem faz mal à saúde. Além disso, algumas culturas orientais apostam na retenção do sêmen como forma de viver intensamente o prazer sexual, e sugerem que o homem procure chegar ao orgasmo sem ejacular. Isso é muito difícil de conseguir. E vale lembrar: faz parte de outra cultura.

48. Demoro muito para ejacular: cerca de uma hora. Não gosto disso. Por que acontece comigo?

O mais comum é que isso tenha algo de emocional envolvido: cobranças internas, medos, preocupações e pensamentos que afastem o seu prazer podem estar em jogo na hora do sexo. Uma visita ao psicólogo pode ajudar a investigar o que se passa, para lidar melhor com a questão.

49. Qual é a quantidade normal de esperma por ejaculação?

Em geral, o homem ejacula o equivalente a uma colher de chá de esperma. Essa quantidade vai diminuindo ao longo do dia se tiver várias ejaculações seguidas, podendo até mesmo em algum momento chegar ao orgasmo sem que saia ejaculação alguma. Isso é natural. No dia seguinte, o estoque do esperma se refaz e o corpo volta a ejacular a quantidade de sempre.

50. O líquido da ejaculação é composto pelo quê? Só pelos espermatozoides?

Não. Os espermatozoides correspondem a apenas de 1% a 2% das substâncias contidas nesse líquido, ou menos do que isso. O restante é composto basicamente de secreções da próstata e das vesículas seminais.

51. Há como aumentar o volume da ejaculação?

Não. Como informam os médicos, às vezes, se o homem passa um período prolongado sem ejacular, pode ser que a primeira ejaculação venha em quantidade maior. Mas isso ocorre apenas de vez em quando.

52. Senti uma dor muito forte quando ejaculei e, logo depois, notei um pequeno sangramento. O que é isso?

Pode ser um problema inflamatório de fácil tratamento ou indício de uma infecção mais grave. Dica: sempre que notar algo estranho na região do pênis, como esse sangramento, vale procurar um médico urologista.

53. Beber algo alcoólico antes do sexo retarda a ejaculação?

Essa escolha pode ser complicada. Vamos lá: beber uma dose ou outra pode ajudar a relaxar e a sentir mais prazer.

Mas exagerar na dose só atrapalha: além de fazer mal ao organismo como um todo, pode dificultar a estimulação do corpo masculino e impedir que o homem consiga ter ereção. Ou seja, é aconselhável tomar cuidado com essa história de bebida e sexo.

54. E, para a mulher, bebida ajuda ou atrapalha o prazer?

Vale o mesmo que falamos na questão anterior: uma dose ou outra pode até ajudar a relaxar. Mas o excesso de bebida, em geral, atrapalha a saúde do corpo feminino e também o prazer sexual. Se a mulher exagerar na dose, pode ser que isso altere seus sentidos e ela tenha dificuldade para se estimular, assim como ocorre com o homem. Consequentemente será mais difícil, ou impossível, chegar ao orgasmo.

55. E usar drogas antes do sexo, isso estimula o casal a transar?

Essa é uma questão polêmica e vamos com calma na resposta. Há pessoas que precisam de artifícios para se desinibir e muitas vezes escolhem um caminho complicado, como o uso de drogas. Isso não é positivo para a vida da pessoa de forma alguma, muito menos para o prazer erótico. Pelo contrário. Pode gerar um problema maior: a incapacidade de iniciar uma transa se não for dessa maneira. Buscar uma psicoterapia (um psicólogo) para conhecer melhor suas questões emocionais, e descobrir jeitos de lidar melhor com tudo isso, pode ser um excelente caminho.

56. O que exatamente as drogas fazem para o sexo?

As drogas que costumam relaxar e amortecer o corpo agem de forma muito similar ao uso excessivo de álcool: podem fazer com que o homem e a mulher tenham dificuldades para se estimular sexualmente, pois seus sentidos (que captam os estímulos eróticos) estão um pouco (ou muito) anestesiados. Isso pode gerar dificuldade de ereção no homem e de orgasmo na mulher. Já as drogas que aceleram o corpo podem elevar a ansiedade e provocar dificuldades como a ejaculação rápida ou precoce no homem e também a dificuldade de a mulher se estimular adequadamente.

..... Questões sobre ereção .....

57. Não consigo ter ereção. É algum problema emocional?

Pode ser. Em geral, a grande vilã da ereção é a ansiedade em relação ao desempenho: o homem fica muito inseguro e tem muito medo de falhar; assim, falha mesmo. Na próxima transa, ao medo de não ter ereção pode se aliar outro temor: "Será que eu vou conseguir mantê-la?" Isso pode levar a um novo fracasso. Mais uma preocupação que atrapalha: "Será que quem está comigo vai gostar da transa?" Esses são apenas alguns dos infinitos exemplos e possibilidades. Todas essas cobranças internas e preocupações geram um estado de tensão que pode ser fatal à ereção.

58. Por que a ansiedade atrapalha tanto?

A ansiedade elevada age no mecanismo físico que desencadeia a ereção. Quando o homem fica muito ansioso, ocorre uma grande descarga de adrenalina no corpo. Isso dilata os vasos sanguíneos do pênis, e o órgão não consegue reter uma quantidade suficiente de sangue, o que seria necessário para promover e manter a ereção. E o pênis fica flácido.

59. Há causas físicas para a dificuldade de ter ereção?

Sim. Pesquisas apontam que cerca de 30% dos casos de dificuldade de conseguir a ereção têm motivos orgânicos. Os principais são: problemas cardíacos e hepáticos, desequilíbrios hormonais e doenças como diabetes e hipertensão quando não tratadas adequadamente. Problemas neurológicos que prejudicam a parte inferior da coluna também podem atrapalhar a ereção. Na região pélvica, a doença que deixa o pênis com uma curvatura acentuada (Doença de Peyronie) ou outros problemas que exijam intervenção cirúrgica também podem causar dificuldade de ereção. Há ainda outras questões, como o abuso de álcool e de drogas, que podem atrapalhar a capacidade de ter ereção. Tudo isso tem tratamento. A primeira coisa a fazer é procurar um médico urologista.

60. Remédio para ereção resolve o problema?

Pode ser que sim, desde que a dificuldade de ereção tenha, principalmente, causas físicas. Os medicamentos agem facilitando a entrada e a retenção de sangue no pênis. E só funcionam se o homem tiver desejo sexual. Outro detalhe importante: devem ser usados conforme a orientação do urologista.

61. No caso de um amigo meu, o remédio para ereção não resolveu. Por que isso acontece?

Para uma parcela dos homens, esse tipo de medicação não surte mesmo o resultado esperado, segundo os estudos médicos. Há também a questão emocional: se a dificuldade do homem for dessa esfera, o tratamento mais adequado é com o psicólogo, e não necessariamente com a medicação. Os remédios pró-ereção são indicados para tratar possíveis dificuldades orgânicas (e não especificamente as psicológicas) no mecanismo da ereção.

62. Esses remédios para ereção podem ter efeitos colaterais?

Segundo os médicos, há, sim, a possibilidade de surtir efeitos como dor de cabeça, diarreia, congestão nasal e ocular, entre outros. Por isso é importante usá-los sob acompanhamento do urologista: assim o homem pode informar os efeitos colaterais e verificar o que é melhor a se fazer.

63. Como agem esses medicamentos no corpo dos homens?

Em geral, as drogas pró-ereção agem bloqueando a ação da adrenalina, substância que provoca a flacidez do pênis, ou facilitando a condução dos estímulos sexuais até o pênis. Vale lembrar: é importante procurar um urologista para que ele avalie o seu caso e indique a medicação adequada e o melhor uso dela.

64. Remédios para ereção ajudam a melhorar o desejo para uma segunda vez?

Medicamentos desse tipo costumam agir apenas facilitando a ereção, e não aumentando o desejo sexual. Se você tiver desejo para uma segunda vez, pode ser que o medicamento ajude. Se não tiver, o remédio não vai adiantar.

65. Causam vício?

Os medicamentos para favorecer a ereção não viciam como outras drogas, pois não agem no cérebro. Ou seja, não ocorre um vício químico. O que pode acontecer é um vício emocional: o homem pode passar a acreditar que só consegue ter ereção se usar o medicamento e que, sem ele, a transa não será boa. Assim, sua autoconfiança fica abalada e a dificuldade de ereção pode ocorrer por conta disso. A insegurança pode levar a medos dos mais variados e a um aumento de ansiedade, que desencadeia a descarga de adrenalina já aqui mencionada e faz com que o pênis fique flácido.

66. Aqueles anéis vendidos em sex shop para prolongar a ereção ajudam mesmo?

Esses anéis são feitos para impedir que o sangue saia do pênis, evitando, assim, a flacidez do órgão. Esses artefatos, no entanto, não são muito recomendados pelos médicos, exceto em situações bem especiais e por tempo reduzido. Isso porque o uso prolongado desses anéis pode prejudicar o sistema vascular do pênis e, com isso, interferir de forma intensa e negativa no mecanismo da ereção.

67. Perco a ereção quando coloco a camisinha. Tenho algum problema?

Se isso ocorre com frequência, talvez seja o caso de treinar vestir a camisinha quando estiver sozinho, durante a masturbação. Assim, você aprende a ficar mais tranquilo e menos ansioso com a colocação do preservativo, o que vai favorecer a sua ereção na hora em que estiver a dois.

68. Meu pênis não tem ereção para a segunda transa. Sou impotente?

De jeito nenhum! Você teria uma dificuldade de ereção caso não conseguisse manter o pênis ereto para a primeira relação. O que ocorre com você é absolutamente natural: após o orgasmo, o corpo masculino entra numa fase de profundo relaxamento, chamada de período refratário. Nesse momento, não responde a estímulos eróticos. Ou seja, não há ereção. O tempo de duração dessa fase varia para cada homem e também de acordo com a idade. Em jovens, a fase refratária costuma ser de dez a quinze minutos. Para os homens adultos, leva cerca de meia hora a uma hora, ou um pouco mais. Em idosos, esse tempo é maior. Essa alteração de tempo de duração do período refratário é natural: faz parte do processo de desenvolvimento do corpo masculino.

69. Eu só conseguia ter ereção com a minha ex-namorada. Por quê?

Talvez você tenha se acostumado com sua ex-namorada: na hora da transa com ela, ficava calmo e relaxado, o que permitia que sua ereção viesse naturalmente. Com as novas parceiras, pode ser que se sinta angustiado e preocupado com o seu desempenho, o que gera aquela ansiedade da qual já falamos em questões anteriores e que é fatal à ereção. Uma saída pode ser buscar ajuda de um psicólogo para se investigar mais profundamente, descobrir como ficar menos ansioso e lidar melhor com a questão.

70. Um homem impotente, mesmo não tendo ereção, consegue sentir prazer?

O prazer pode ser obtido de várias formas. Homens com dificuldade de ereção, sobretudo as causadas por complicações físicas, podem ter desejo, se estimular sexualmente e atingir, sim, o orgasmo.

..... Questões sobre desejo .....

71. Perdi o desejo de uma hora para outra. Qual o motivo?

As causas mais frequentes são psicológicas, como estresse, ansiedade, insegurança quanto ao desempenho sexual (como o medo de não atingir o orgasmo ou a frustração por nunca chegar lá) ou a influência de problemas e preocupações que ocorrem fora da cama, entre uma infinidade de outras questões angustiantes. Depressão, baixa autoestima e situações de perda (de emprego, de alguém querido, entre outros) também podem provocar queda no desejo. Ou situações que roubam toda a atenção da pessoa: como se dedicar a um projeto novo e envolvente no trabalho, uma mudança de casa, um período de avaliações importantes, entre outras coisas. A falta de sintonia sexual entre o casal é outro inibidor de desejo. Ocorre assim: um quer e insiste, o outro não quer naquela hora e se irrita; com isso, o sexo vai perdendo a qualidade e desestimulando os parceiros para as próximas relações. Fora da cama, desentendimentos amorosos ou falta de tempo para namorar e se divertir juntos, como casal, também podem comprometer o desejo de estar a dois e de fazer sexo.

72. Pode ser um problema físico?

É possível, sim, que algum fator orgânico provoque a queda do desejo, como um distúrbio hormonal. Outro fator que atrapalha é a ocorrência de uma infecção sexualmente transmissível: isso pode provocar ardência, coceira e outros desconfortos nos genitais, especialmente na hora da transa, o que, em consequência, pode inibir o desejo.

73. Tenho preguiça de começar a transar. Por quê?

Isso é muito comum em quem vai para a cama, por exemplo, na hora em que está muito cansada e querendo dormir. Algumas mudanças de hábito podem ajudar, como tentar ir para a cama mais cedo ou buscar abrir espaço para o sexo em momentos de maior descanso. Parece simples demais? Mas é mesmo. Sentir desejo tem a ver com o fato de se preparar para o sexo, ou seja, de criar espaço (especialmente em você, nas suas prioridades) para isso. E não o deixar como um compromisso chato, ou última opção.

74. Qual seria uma frequência sexual ideal?

Não há regra. Depende de cada pessoa, de cada casal. O importante é saber se a frequência é adequada para ambos, ou seja, se cada pessoa está satisfeita com ela. Mais do que isso: a atenção deve ser voltada para a qualidade da transa, e não para quantas vezes ela ocorre.

75. Só tenho desejo no primeiro mês de namoro. Depois passa. Por quê?

Tudo o que é novidade atiça mais o desejo. Depois, cai numa rotina. Porém, isso não precisa significar algo negativo: você pode inovar sempre, buscando, por exemplo, novos e divertidos jogos eróticos com a sua parceira. Desejo sexual precisa sim ser cultivado e usar a criatividade pode ser uma boa maneira para fazer isso.

76. Minha vida é corrida e fico cansada demais para o sexo. Faço o quê?

Excesso de trabalho e de compromissos pode ser fatal mesmo ao interesse sexual. Mas, se o prazer sexual é importante para a sua vida, vale tentar abrir espaço para relaxar a dois e poder se divertir. Escolher programas descontraídos de casal pode ajudar a criar um clima propício para se predispor ao sexo. Vale também investigar como anda a sua vida como um todo, o seu relacionamento e o seu espaço interno para viver os prazeres a dois. Será que algo precisa ser transformado?

77. Começar a fazer sexo, mesmo sem estar com vontade, pode ajudar a ter desejo?

Não necessariamente. Em alguns casos, até pode ser que a pessoa entre no clima aos poucos e se divirta. Mas, em outros, pode não ser nada bacana: a pessoa faz sexo sem muita vontade e se frustra, pois a relação acaba não sendo prazerosa, o que diminui ainda mais o desejo para uma próxima vez.

78. Falta de desejo tem tratamento?

Claro que sim! Aliás, há tratamento para todas as dificuldades na cama. Nesse caso será importante investigar o que tem afastado o seu desejo e desde quando isso vem ocorrendo, entre outras questões. Vale, portanto, procurar dois especialistas: psicólogo para verificar as questões emocionais e médico ginecologista ou urologista para as questões físicas.

79. Existe remédio para aumentar o desejo sexual?

Quando a baixa do desejo tem a ver com uma queda hormonal, regular isso pode ajudar a recuperar o desejo. No entanto, grande parte dos casos de falta de desejo tem a ver com questões emocionais e de estilo de vida. Nesses casos, não existe remédio milagroso que ajude. O tratamento seria, portanto, com a ajuda de um psicólogo.

80. Reposição hormonal ajuda ou não a manter o desejo sexual?

Depende. Se você realmente tem um desequilíbrio hormonal, como na menopausa ou em algum outro momento de baixa, talvez sim. Mas se os níveis hormonais estiverem normais, então não há o que repor. Em qualquer que seja o caso, o especialista que avalia essas possibilidades é o médico (ginecologista para mulheres ou urologista para homens, por exemplo).

81. Acho que os antidepressivos atrapalham o meu desejo. Mito ou verdade?

Algumas pessoas apresentam realmente baixa de desejo com o uso de alguns medicamentos antidepressivos. Mas isso não é regra. Porém, se você sofre de algo que requer o uso de antidepressivo, suspendê-lo pode não ser a melhor solução. Talvez o melhor seja substituir o medicamento por outro similar, mas que talvez reaja de outra maneira no seu organismo. Quem definirá isso ao certo é o psiquiatra que lhe prescreveu a medicação. Retorne para a consulta e veja com ele qual é o melhor caminho a seguir.

82. A testosterona influencia de alguma forma no desejo do homem?

A queda dos níveis do hormônio testosterona pode interferir, sim, no desejo sexual masculino. Nesse caso, vale procurar um médico, como o urologista, para ver com ele as melhores formas de recuperar esses níveis hormonais.

83. Qual é a melhor hora do dia para o corpo ter desejo?

Isso varia de pessoa para pessoa e, na maioria das vezes, depende (acredite!) da agenda: se você tem mais tempo livre à noite, por exemplo, essa será a melhor hora do dia para despertar o desejo, pois poderá se dedicar com mais calma aos jogos eróticos. Se quiser pensar em termos hormonais, o momento que o organismo está mais predisposto ao sexo varia entre homens e mulheres. No corpo do homem, os hormônios têm uma alta no período da manhã. Na mulher, no começo da noite. Seriam esses os momentos de maior predisposição ao desejo sexual. Você até pode tirar proveito desse relógio biológico, mas não deve se prender a ele. Desejo vem mesmo quando há clima, como uma situação erótica ou um momento de relaxamento e de proximidade entre o casal.

84. É verdade que atividade física aumenta a disposição para o sexo?

Sim. Os exercícios físicos favorecem a liberação no organismo de substâncias químicas cerebrais que aumentam a sensação de bem-estar, como a serotonina. Isso pode estimular o desejo. Pode ser caminhar, correr, nadar, malhar em academia ou fazer qualquer outra atividade física. O importante é se exercitar.

85. Alimentos afrodisíacos fazem efeito ou isso é lenda?

Sabe-se que alguns alimentos têm substâncias que aquecem o corpo, como o amendoim e a pimenta, ou que trazem sensação de bem-estar, como o chocolate. Ou estimulam o corpo no geral, como o café. Tudo isso pode ser considerado, de certa forma, afrodisíaco. Ou seja, algo que age positivamente, em alguma medida, no desejo. Mas, até entre os alimentos, o fator psicológico é o que mais conta: se aquele alimento remete a pessoa a alguma memória prazerosa e erótica, ou se a pessoa acredita na "magia" ou poder afrodisíaco daquele alimento, pode ser que sim, o tal alimento terá efeitos positivos (afrodisíacos) no despertar do desejo sexual.

86. Mulher menstruada tem mais desejo?

Varia de mulher para mulher. Algumas têm mais desejo antes da menstruação, outras sentem durante, ou depois. Há ainda quem não sinta nenhuma alteração. Ou seja, não há um padrão. E tem também quem sofra baixa de desejo com os desconfortos antes e/ou durante a menstruação. Portanto, é um conjunto de fatores que afeta o desejo: os hormônios podem influir, os desconfortos de cada etapa e, especialmente, as questões emocionais em torno de tudo isso. Um exemplo: há mulheres que se sentem extremamente femininas quando ficam menstruadas e isso, por si só, é suficiente para estimular o apetite sexual. Outras relacionam a menstruação há algo sujo e desconfortável, o que para elas é totalmente desestimulante em relação à prática do sexo. Ou seja, varia muito mesmo.

87. Se eu tomar remédio para parar de menstruar, isso afetará negativamente o meu desejo?

Não dá para prever. Certamente vai provocar uma alteração hormonal no seu organismo e o desejo pode se modificar. Mas não dá para saber de antemão o que vai ocorrer exatamente, pois, conforme falamos nas perguntas anteriores, as questões em torno do desejo sexual, de sua alta ou baixa, envolvem uma multiplicidade de fatores físicos e emocionais.

88. Tomo pílula e meu desejo diminuiu. Isso pode mesmo atrapalhar?

Cerca de 20% das mulheres se queixam de queda no desejo sexual com o uso de pílulas anticoncepcionais. Isso depende da alteração hormonal que o medicamento provoca no organismo de cada pessoa. Ou seja, varia muito de mulher para mulher. Há também questões emocionais em jogo: por exemplo, há mulheres em que o desejo, na verdade, aumenta com o uso de métodos como a pílula anticoncepcional, pois elas se sentem tão mais seguras e à vontade pelo fato de não correrem o risco de engravidar, que cresce o desejo de fazer sexo.

89. Chega uma hora em que o sexo vira rotina para quem está junto há muito tempo. E aí, a gente faz o que para mudar isso e ter mais desejo?

Dá para quebrar essa rotina tentando, por exemplo, lembrar como vocês se relacionavam no início, quando o interesse sexual era mais intenso. Resgatar algumas práticas daquela fase pode ser o suficiente para sair da mesmice. O desejo e o prazer sexual precisam ser cultivados sempre, já falamos algo desse tipo por aqui. Senão, o interesse e o pique para o sexo vão se perdendo, perdendo, e diminuem mesmo (ou até deixam de existir).

90. Desejo acaba com a idade?

Não necessariamente. O que ocorre é que algumas pessoas param de valorizar a prática do sexo com o passar do tempo. Aí o desejo vai embora. Outros fatores que atrapalham: quando a pessoa se sente "velha demais para o sexo", ou se acha pouco apta e pouco atraente para exercer a vivência da sexualidade. No fundo, esse tipo de pensamento negativo em torno de si e da sexualidade é uma grande bobagem. É possível viver o prazer ao longo de toda a vida, cada pessoa respeitando o seu próprio jeito de ser, e também fazendo os ajustes necessários a cada nova fase.

91. Quando recuso sexo, ele se irrita. Devo ceder ou não?

Se você não quer mesmo, talvez não valha a pena ceder só para agradar o parceiro. Sexo é para ser prazeroso para ambos, e não apenas para uma das pessoas do par. Conversem e reflitam sobre isso, e sobre jeitos de afinar melhor as expectativas, as possibilidades e a sintonia de vocês como casal.

92. Nosso desejo não combina. Por mim, transaria todo dia. Por ela, só no fim de semana. Quem está errado?

Ninguém. Cada pessoa tem um ritmo próprio! Para melhorar a sintonia, no entanto, talvez seja o caso (conforme abordado na questão anterior) de sentarem com calma para uma conversa sobre sexo e prazer. Mas sem cobranças: o objetivo é tentar descobrir formas agradáveis, carinhosas, afetivas e prazerosas de se encaixarem melhor na vida erótica que têm.

93. Só consigo transar no máximo três vezes por semana. Preciso de tratamento?

Claro que não. Se você transasse menos do que isso, também seria natural. Cada um deve escolher o próprio ritmo sexual. A mania de querer entrar num padrão ou se comparar com outras pessoas é bastante negativa: isso gera ansiedade em excesso, comparações nocivas e cobranças desnecessárias, que não combinam em nada com o prazer sexual.

94. Homem tem mais desejo do que mulher?

Não necessariamente. Isso, na verdade, é um mito da nossa cultura. De acordo com médicos, não há nada no organismo masculino ou no feminino que justifique, por exemplo, um desejo maior do homem do que o da mulher. Porém, muitas vezes a mulher cresce ouvindo frases totalmente equivocadas, do tipo "homem precisa de sexo; mulher, não", além de se ver inserida em uma cultura com mais uma infinidade de olhares negativos para a vivência da sexualidade feminina. E o desejo com tudo isso? Em muitos casos, acaba indo embora, por questões como essas e outras tantas mais.

95. Existe algum medicamento para aumentar o desejo feminino?

Como já dito em questões anteriores, se a baixa de desejo estiver relacionada a questões hormonais, é importante buscar um médico (no caso da mulher, pode ser o ginecologista) e ver com ele as formas de repor e regular esses níveis. Há que se investigar também a saúde como um todo e tratar o que estiver roubando energia e disposição. Tudo isso pode influir fisicamente no desejo. Mas não há só interferências físicas, não é mesmo? Como já falamos diversas vezes aqui, há também as questões emocionais a serem levadas em conta, e de estilo de vida: abrir espaço para ficar consigo mesma, ou a dois, pode colaborar com a reconquista do desejo sexual. Dica: investigar e tratar as questões físicas e emocionais, com os respectivos especialistas (médico e psicólogo), é um excelente caminho.

96. Em relação aos estímulos eróticos, o que acende mais o desejo do homem?

Depende do homem. Porém, a maioria gosta mesmo é do estímulo visual: observar uma cena erótica, ver a pessoa nua, entre outros desse tipo.

97. E o que acende mais a vontade sexual da mulher, em relação aos estímulos eróticos?

Também depende da mulher. Mas, em geral, a maioria curte muito o clima de sedução, ou seja, esse tipo de preaquecimento. Além disso, a imaginação erótica costuma acender muito o desejo feminino. Mas vale saber que, tanto mulher como homem, ou qualquer gênero (e qualquer forma de viver a sexualidade), podem receber estímulos eróticos por todos os órgãos dos sentidos: tato, olfato, visão, audição e paladar.

98. Por que literatura erótica desperta tanto as mulheres, e não funciona tanto assim com os homens?

Justamente pelo jeito de cada um na cama: a literatura erótica está para as mulheres assim como o vídeo erótico está para os homens. Isso porque, conforme falamos na questão anterior, as mulheres se despertam muito para o desejo com a imaginação erótica, o que pode ser altamente estimulado com a literatura erótica. Já os homens são mais visuais, e os vídeos de sexo caem sob medida para estimular seu desejo e prazer.

99. Meu filho dormiu no nosso quarto por algumas semanas. Agora ele voltou para o dele, mas a gente perdeu o pique e não consegue mais recuperar a frequência sexual. Por quê?

Talvez vocês tenham se acostumado a ficar mais tempo sem sexo. Ou talvez existam outras questões para a diminuição do desejo: as mais comuns são cansaço, estresse, ansiedade, excesso de problemas, desentendimentos, mágoas e preocupações, entre outras. Há ainda fatores físicos que podem atrapalhar o desejo sexual, como o desequilíbrio hormonal (sobre o qual já falamos em questões anteriores), o que pode ser investigado com a visita ao médico ginecologista (para a mulher) ou urologista (para o homem). Investiguem! Esse é um começo de caminho para resgatar o desejo perdido.

100. Ele não me beija na boca na hora da transa. É sinal de que perdeu o interesse por mim?

Não necessariamente. Pode ser o jeito de fazer sexo da pessoa. Ou outra coisa, como falta de costume. No entanto, em linhas gerais, falta de beijo na boca pode ser sinal de uma série de coisas, entre elas de que o vínculo afetivo entre vocês está prejudicado de alguma forma. Ou seja, nem sempre a questão é exclusivamente relacionada ao sexo. Em alguns casos, pode ser que o casal precise se aproximar mais fora da cama também.

101. Tenho de me concentrar para transar, senão meu pensamento voa e não sinto mais desejo nem prazer. Como relaxar mais?

Procure prestar atenção no ato em si: nas sensações que desperta, na intensidade dos toques e no que está rolando no momento. Toda vez que o pensamento começar a voar, concentre-se nas sensações corporais e no clima erótico que vocês estão vivenciando. Essa pode ser uma boa maneira de voltar a atenção para a transa e, assim, sentir mais prazer.

102. Ele e eu pensamos em pessoas famosas às vezes como forma de estimular o desejo, às vezes também enquanto transamos. Tudo bem?

A imaginação erótica que vocês usam para se estimular sexualmente pode fazer parte da vida sexual de vocês sem o menor problema. Cada casal é que decide como gosta de se estimular. O limite deve ser o seguinte: na cama só se deve ir até onde aquela prática não nos fere física nem emocionalmente, nem fere a pessoa que está ao lado. Seguindo essa noção de limites, está tudo certo.

103. Gosto dela, mas tenho fantasias sexuais com outras e isso estimula muito o meu desejo. Isso é errado?

No campo da imaginação e das fantasias sexuais, tudo é possível e estimulante, e não há necessariamente esse julgamento de certo ou errado. Colocá-las em prática é que é outra história. Aí você vai precisar pesar bem os prós e contras, e ver o que combina (ou faz bem), ou não, para você(s).

104. Sinto mais prazer ao pensar em outro quando estou na cama com meu parceiro. É errado?

Só é problema se isso lhe causa, por exemplo, culpa e outros sofrimentos que não combinam com a satisfação e o prazer sexual. Vale saber: dar asas à imaginação erótica não significa necessariamente que você esteja traindo alguém, nem fazendo algo errado.

105. Não sinto vontade nem consigo transar de luz acesa. Por quê?

As preferências pessoais variam. Algumas pessoas gostam de luzes apagadas para que possam dar asas à imaginação mais facilmente durante a transa. Outras, pelos mais variados motivos: vergonha do próprio corpo, ou inibições das mais diversas. Se algum desses é o seu caso, saiba que o mais importante para o prazer a dois é a sintonia do casal, além do jeito de dar e de receber prazer. Então, se para você é mais prazeroso manter as luzes apagadas, que mal há nisso? Claro que você pode e deve tratar o que lhe incomoda. Mas vale também apostar nas suas preferências, como manter as luzes apagadas. Assim, valorizando o que prefere, seu prazer certamente será mais intenso.

106. Como mostrar a ele o que desejo na cama, quais as minhas preferências, ou seja, do que eu mais gosto no sexo?

Da forma como você se sentir mais confortável. Pode ser conversando antes, durante ou depois do sexo, ou seja, no momento em que achar mais oportuno e confortável, ou demonstrando na hora da transa com carícias, sussurros, gemidos e expressões das mais variadas, ou do jeito que você preferir. Não há receita pronta. Encontre o seu jeito próprio de se expressar.

107. E como saber do que ele mais gosta?

Conversar sobre sexo costuma ser um tabu na nossa cultura, especialmente entre muitos casais. Mas não há maneira melhor para conhecer o outro. Muitas vezes, isso é decisivo para o relacionamento: ao conhecer melhor as preferências e os desejos um do outro, vocês aprendem maneiras de proporcionar e de sentir muito mais prazer a dois.

108. Penso em sexo o dia todo. Sou viciada?

Não necessariamente. O vício por sexo é como a compulsão por outra coisa qualquer (álcool, drogas, jogo, compras etc.). Nas compulsões, a pessoa repete a prática com frequência, mas isso nunca a satisfaz. Pelo contrário, tortura, incomoda e gera muito sofrimento. Existe tratamento para vícios: em geral, é feito com uma equipe multidisciplinar que envolve, entre outros, o psicólogo, para lidar com as questões emocionais; e o médico psiquiatra, para prescrever medicações que sejam necessárias para tratar o problema.

109. Não gosto nada de sexo. Sou anormal?

Claro que não! Gostar de sexo não é algo obrigatório nem imprescindível ao ser humano. Respeitar o seu jeito e os seus limites, ou seja, o que você gosta ou não de viver e de fazer, é a decisão mais acertada.

110. Para o sexo ser, de fato, prazeroso, como deve ser o desejo e quanto tempo cada transa deve durar?

Não há regra ou receita para nada disso, nem para qualquer outra coisa que seja. Há apenas a noção de limites, como já falamos aqui anteriormente, que é só ir até onde aquela prática não nos fere física nem emocionalmente, nem fere a pessoa que está ao nosso lado. Encontrar o ritmo que lhe satisfaça e que satisfaça a pessoa que está com você, sem se preocupar com (nem valorizar demais) o que ocorre com a vida sexual das outras pessoas em geral, é um excelente caminho para ser mais feliz na cama.

..... Questões sobre penetração .....

111. Quantos movimentos são necessários para que eu goze com a penetração?

Não há um número ideal de movimentos. Tudo depende do seu nível de excitação. Quanto mais estimulada a pessoa estiver antes da penetração, mais prazer sentirá. Como consequência, o orgasmo virá mais rapidamente, podendo ser também mais intenso. Ou seja, uma dica é não começar o sexo logo com a penetração. Fazer um aquecimento com outras carícias e práticas (beijos, abraços, sexo oral, masturbação, massagem erótica e outras ideias que vierem à cabeça) pode render mais excitação e prazer na hora da penetração (vaginal e/ou anal).

112. Até que profundidade a penetração pode ir sem machucar a mulher?

Depende de cada mulher. Cada casal é que terá de dosar a profundidade. Há mulheres que se excitam quando o pênis toca o fundo da vagina. Outras têm uma sensação de incômodo dessa forma. Ao primeiro sinal de dor, a dica é mudar a posição ou reduzir a intensidade. Deve-se ir apenas até o limite do prazer.

113. Dependendo da posição, o pênis incomoda, como quando estou por cima, por exemplo. Por quê?

A penetração é mais profunda na posição em que a mulher fica por cima do homem. Talvez seja isso que a incomode. Mas vale lembrar que qualquer dor pode ser indício de um problema mais sério, como uma infecção vaginal. Procure um médico ginecologista para se certificar se esse é o problema ou não. Descartada essa hipótese, o que você tem a fazer é priorizar as posições em que a penetração não é tão profunda: por exemplo, vocês de frente um para o outro, com ele por cima (a conhecida posição "papai e mamãe"); ou ambos deitados de lado, sendo você na frente e de costas para ele (posição chamada de "colher").

114. Gosto de transar na posição de quatro, mas ela reclama que dessa forma a vagina dói muito. Por quê?

Essa é outra posição em que a penetração do pênis pode ser mais profunda e causar incômodo ou dor para algumas mulheres. Se não está prazeroso, vocês já sabem o que fazer, não é mesmo? Melhor partir para outras ideias e posições que sejam de fato prazerosas para ambos.

115. Sinto dor. É sinal de alguma doença?

Dores na penetração podem ter causas físicas e psicológicas. Doenças, ou como se fala atualmente, Infecções Sexualmente Transmissíveis (ISTs) podem, por exemplo, irritar a mucosa que reveste internamente a vagina e provocar uma sensação de desconforto ou de ardência no contato com o pênis, entre outras coisas. Infecções pélvicas, por exemplo, podem provocar a obstrução das glândulas que produzem os fluidos vaginais. Isso faz com que, durante o sexo, a vagina produza menor quantidade de seu lubrificante natural, o que pode causar desconforto durante a penetração. No entanto, para descobrir qual é exatamente o problema, a primeira coisa que a mulher deve fazer é procurar um médico ginecologista e investigar se alguma IST, ou outra questão física, está impedindo o seu prazer. Ou seja, deve examinar a saúde genital como um todo e tratar o que for necessário. E se não houver nenhum problema físico desse tipo? Então a questão da dor está relacionada ao emocional e o tratamento é com o psicólogo.

116. Eu já fui ao ginecologista e não tenho doença, muito menos algum problema físico com a minha região vaginal. Por que a penetração dói?

Muito provavelmente porque seu corpo não está se preparando o suficiente para receber o pênis sem dor. Quando a mulher se excita, a vagina se alarga, se lubrifica e se aprofunda para receber o pênis. Se a mulher está tensa, preocupada, com medo ou sem vontade de fazer sexo, por exemplo, pode ser que esse processo natural não ocorra, ou que a vagina se contraia involuntariamente, ou seja, sem querer, na hora da penetração. Tudo isso pode causar incômodos ou até mesmo dor.

117. O que é recomendado em casos de dor na penetração?

Há mulheres que insistem por muito tempo em transar, mesmo sentindo dor, e a dificuldade sexual vai, assim, se agravando. O que costumo recomendar é: vale dar um tempo no sexo com penetração e procurar um psicólogo para se investigar e tentar descobrir como lidar melhor com tudo isso, para que, aos poucos, seu corpo consiga se preparar mais natural e adequadamente para sentir prazer em vez de dor com a penetração vaginal. O tratamento pode incluir uma equipe multidisciplinar, com ginecologista, para tratar o que for necessário em termos de saúde sexual; e fisioterapeuta pélvica, para sugerir exercícios e técnicas para uma maior percepção corporal.

118. Uma amiga me disse que tem vaginismo. O que é isso?

É a contração involuntária da musculatura vaginal na hora do sexo. A intensidade do problema varia: algumas mulheres chegam a fechar totalmente o orifício vaginal, impedindo a entrada do pênis. Outras apresentam uma contração em menor grau: o órgão masculino penetra um pouco a vagina, mas com grande dificuldade. Essa dificuldade está basicamente relacionada a questões emocionais. Pode ser resultado de questões extremamente dolorosas, como relações sexuais traumáticas envolvendo abusos e estupro. Mas pode também estar relacionada a questões como uma educação sexual repressora, ou qualquer outro tipo de pensamento que traga uma visão negativa do sexo. Há tratamento e, como nas questões de dor na penetração, costuma envolver equipe multidisciplinar: psicólogo, médico ginecologista, fisioterapeuta pélvica e até mesmo médico psiquiatra.

119. Não dói, mas o pênis também não consegue entrar. Ou entra no máximo um ou dois centímetros. Por quê?

Mesmo que você não sinta dor, essa incapacidade de receber o pênis costuma ser sinal de vaginismo. Há mulheres que, mesmo altamente excitadas, contraem os músculos da vagina sem perceber. Ou seja, o órgão se fecha e o pênis não entra mesmo, pois a musculatura vaginal costuma ser forte. Essa dificuldade para receber o pênis é geralmente relacionada a questões emocionais, como falamos na pergunta anterior, e o caminho para o tratamento começa buscando a ajuda de um psicólogo.

120. Ouvi dizer que existe uma técnica do dedo para conseguir ter a penetração sem dor. Existe mesmo isso? Como funciona?

Isso tem a ver com começar a relaxar a musculatura da região da vagina aos poucos: primeiro, a mulher introduz um dedo e vê como se sente. Num próximo momento, introduz dois dedos. Só num terceiro momento é que tenta a penetração do pênis na vagina. Ou experimenta com um brinquedo erótico, como um vibrador ou algum outro em formato de pênis: esses objetos têm tamanhos variados e pode-se começar com um de pequenas dimensões. Mas nada disso adianta se a mulher não se investigar a fundo, olhando para o que significa, por exemplo, todo esse medo e incômodo com a penetração na vida dela. Essa investigação costuma dar excelentes resultados quando feita com a ajuda de um psicólogo.

121. Posso ter um defeito na vagina?

Isso é raro, mas pode ocorrer. Há mulheres que nascem com alguma anomalia, que um ginecologista facilmente detecta. A mais comum é o septo vaginal: a mulher nasce com uma membrana no meio do canal vaginal, que o divide em duas partes. Há casos em que esse septo passa despercebido e não chega a atrapalhar em nada o sexo. Na fase de excitação, quando a vagina se alarga naturalmente para receber o pênis, essa membrana se cola a uma das paredes vaginais, deixando o canal livre. Mas, quando isso não ocorre, a mulher sente dor. O canal vaginal fica dividido ao meio, e o pênis é introduzido em um dos lados. Ou seja, num espaço pequeno demais para a penetração. Os casos, no entanto, são raríssimos.

122. Como me encorajo a tratar essa dor?

Talvez sabendo que você pode acabar com ela. Mas vai precisar ter calma e paciência consigo mesma para descobrir, aos poucos, o que está impedindo o seu prazer e como lidar melhor com isso.

123. Ela desiste na hora da penetração vaginal. Por quê?

Algumas mulheres ficam tão tensas na hora do sexo que sentem incômodo ou dor na penetração, como falamos em questões anteriores. Pode ser isso. Mas, para saber ao certo, só mesmo perguntando a ela.

124. O número de relações sexuais com penetração torna a vagina mais larga?

Não necessariamente. Isso, em geral, é outro mito da nossa cultura. A vagina é um órgão extremamente elástico. Na hora da transa, ela aumenta de tamanho para receber o pênis com prazer e sem dor. Após a relação sexual, a vagina tem a capacidade de voltar às dimensões anteriores.

125. Tem alguma posição para que ele não sinta dor durante a penetração pelo fato de o pênis ser torto para um dos lados?

Todos os pênis, mesmo os curvados, são flexíveis. Com isso, podem virar para diversas direções e se ajustar às mais variadas posições sexuais. Vocês vão ter de experimentar para descobrir quais as mais indicadas para ele não sentir dor. Mas, se a dor aparecer de qualquer maneira, então está mais do que na hora de buscar tratamento com o médico urologista.

PARTE 2

Campos de conhecimento

Uma questão de sincronia

Quando estava escrevendo estas páginas, por algumas vezes o computador travou: ele automaticamente saía das linhas em que eu digitava, e voltava para este ponto aqui, o início. E uma mensagem era exibida: "As modificações não estão sincronizadas. Escolha as versões que deseja manter". Ora optei por isso, ora por aquilo. E dessa vez optei por olhar para a sincronicidade, ou o ineditismo, do que estava (está) se passando comigo ao me debruçar nas palavras e ideias da psicologia analítica de Jung acerca da psique, do humano, da sexualidade e também da sexologia.

Seria para dar um passo atrás? Voltar ao início? Não falar o que estava dizendo? Rever? Refazer? Ou parar de seguir por ali? Parar justamente de rever e refazer, e deixar fluir, seguir? O que não está sincronizado? Que versões, em mim, precisam ser mais bem observadas? O que falava em mim? O que fala em mim?

Escrevo de um lugar belo. Belíssimo. Emocionante até. Como comecei a contar nas páginas iniciais deste livro, com a pandemia de covid-19, me mudei de São Paulo, grande capital, para uma cidade do interior de Minas Gerais. Fui literalmente a serviço de Eros: para habitar com meu parceiro amoroso. Construímos este lugar aqui e para ele nos mudamos: um rancho de onde avisto o rio seguindo seu fluxo, circundando a propriedade. Avisto o verde, as montanhas, os pássaros. E nossos cachorros, que são muitos. Alguns comprados, outros resgatados, outros doados por vizinhos. Onze no total. E é nesse ambiente calmo e, ao mesmo tempo, agitado que me energizo para mergulhar nas águas profundas, turbulentas e, espero, transformadoras destes escritos.

Peço desculpas pela digressão, mas se planejo escrever com alma, sobre a alma, e para a alma, preciso ouvi-la, por mais inusitado, estranho, divagador ou qualquer outro algo que seja e com o qual nossa mente racional entre em conflito, rejeite, se desentenda. Afinal, vamos falar aqui também de conflitos, rejeições e desentendimentos, partes inerentes de nossa vida, de nossa sexualidade e, claro, do sexo.

Talvez o voltar ao início a que o computador está me trazendo seja justamente para me lembrar disso, do que me proponho a fazer aqui: pensar coisas, tecê-las, viajar no belo, suspirar, me emocionar, permitir me perder, e me reencontrar. Não almejar demais, nem de menos. Ouvir o vento, que agora sopra fortemente e sacode a vegetação. Contemplar. Discernir.

Enfim, um grande desafio! Mas falar sobre sexo não é mesmo tarefa simples, corriqueira, fácil. Seja no âmbito pessoal, seja no profissional. O assunto é tabu há séculos, incluindo no cenário acadêmico: na psicologia analítica, por exemplo, encontrei também tal estranheza, como se dissertar sobre sexo precisasse ocorrer em um confessionário, de forma discreta, silenciosa, para poucos, com discrição e pouca motivação.

No entanto, não sou uma pessoa, nem uma profissional, silenciosa. E cá estou escrevendo (e alardeando) estas páginas sobre a temática tabu do sexo, alinhavando minha história de vida, meus estudos e aprofundamentos, a profissional que me tornei com os aprendizados diários do consultório, da supervisão e, especialmente, da análise pessoal na qual estou imersa há mais de duas décadas, o que apurou o meu olhar para a clínica das dificuldades sexuais à luz da psicologia analítica.

O que procurarei tecer aqui é apenas um olhar. O meu. Há incontáveis deles, sabemos bem. Infinitos, profundos, amplos. Não tenho, portanto, aspirações de esgotar o assunto, algo impossível de fazer com qualquer tema que seja. As temáticas, como a própria psique, são dinâmicas. Transformam-se a todo momento. E neste espaço espero apenas registrar o que me perpassa hoje, neste aqui e agora. Amanhã virão novas ideias, sei bem. E que bom!

Confesso que dei muitas voltas para chegar a estas linhas. Sofri. Procrastinei. Dei desculpas, especialmente a mim mesma. Me senti culpada. Incomodada. Acomodada também. Mas, como de um sonho, despertei.

Nas próximas páginas, a ideia é observar o que dizem a sexologia e a psicologia analítica, em linhas gerais, sobre o campo da prática do sexo e suas principais queixas, ou disfunções. Que teorias (pensamentos, reflexões), de acordo com essas abordagens, temos disponíveis e que podem nos ajudar no universo das dificuldades com a prática do sexo, com a vivência da sexualidade? Vamos a algumas delas, que selecionei para nos dar uma base para compreender melhor esse campo a fim de, num próximo momento, nos dedicarmos a um mergulho mais específico no atendimento clínico às queixas sexuais à luz da psicologia analítica em (vejamos) uma possível conversa com conteúdos da sexologia.

Observe que o tom, ou o tipo de escrita, de fala, é diferente em "O que diz a sexologia" e "O que diz a psicologia analítica". Isso porque, para ser fiel a ambos, há que se utilizar o linguajar respectivo de cada um. Cada área de conhecimento tem seu "jeitão" de comunicar as coisas (assim como eu tenho o meu, você o seu). Isso delimita os campos e, acredito, ajuda a compreender melhor, quando se mergulha neles.

Sigamos então.

O que diz a sexologia

A sexologia é uma ciência que nasce no século XIX e se desenvolve inicialmente com relatórios, observações, pesquisas e reflexões de estudiosos americanos, como o biólogo Alfred Kinsey (1894-1956), a antropóloga Margaret Mead (1901-1978), o ginecologista William Masters (1915-2001) e a psicóloga Virginia Johnson (1925-2013), além dos médicos britânico Havelock Ellis (1859-1939) e alemão Magnus Hirschfeld (1868-1935), entre outros. Nesse universo de estudiosos pioneiros dessa ciência, merece destaque, a meu ver, os achados da psiquiatra e psicanalista austríaca, naturalizada americana, Helen Singer Kaplan (1929-1995), dos quais falaremos mais detalhadamente um pouco adiante.

Antes, vale salientar que, de acordo com Edgar Gregersen, o estudo científico do sexo pode ter começado como uma reação à hipocrisia da Era Vitoriana. Gregersen (1983, p. 31) explica que a sexologia como disciplina também se desenvolveu a partir de vários movimentos de reforma social no século XIX, incluindo tentativas de abolir ou mudar as leis sexuais no mundo ocidental, particularmente com relação ao controle da natalidade e da homossexualidade.

E isso se dá em grande parte nos Estados Unidos, como podemos perceber pela origem de uma parcela significativa de seus fundadores, apesar de as pesquisas e os trabalhos científicos emergirem do Ocidente como um todo, e também do Oriente, sendo o diálogo transcultural tecido por um ampla gama de estudiosos do comportamento humano em geral, passando, entre outros, por antropólogos e historiadores, assim como por biólogos, psicólogos e médicos, mas não se restringindo a eles.

Abdo e Fleury (2006, p. 163) nos contam um pouco das contribuições de alguns fundadores da sexologia aos estudos, abordagens e tratamentos seguidos pelos sexólogos da atualidade. Segundo elas, antes de Kinsey, "normalidade" quanto à atividade sexual era a conduta heterossexual, com excitação exclusiva dos órgãos sexuais primários. Os estudos populacionais desse pesquisador revelaram outra realidade: as mais diferentes práticas sexuais ocorriam entre os americanos e envolviam, de forma ampla e irrestrita, os corpos de ambos os parceiros, concentrando-se nos genitais somente para a finalização do ato. De outra parte, Masters e Johnson, um casal de terapeutas americanos, desenvolveram, na década de 1960, um modelo de ciclo de resposta sexual constituído por quatro fases (excitação, platô, orgasmo e resolução) e comum aos dois gêneros (feminino e masculino). Na década de 1970, Kaplan formulou que, antecedendo à fase de excitação, há o desejo e não se justifica o platô, em vista de ser a excitação crescente o que conduz ao orgasmo. O novo esquema de respostas sexuais masculina e feminina, então reformulado, compunha-se de três fases: desejo, excitação e orgasmo.

É importante entender essa evolução do conceito de normalidade da prática sexual para chegarmos ao que hoje é considerado dificuldade (ou, na linguagem da sexologia, disfunção ou transtorno, usados em grande parte das vezes como sinônimos) sexual. Conforme apontam Abdo e Fleury (2006, p. 16), a partir da associação entre os modelos de Masters e Johnson e de Kaplan, estabeleceram-se critérios diagnósticos para os transtornos da sexualidade, os quais constam do *Manual Diagnóstico e Estatístico de Transtornos Mentais* (2002), que definiu a resposta sexual saudável como um conjunto de quatro etapas sucessivas: desejo, excitação, orgasmo e resolução. As disfunções sexuais, em contrapartida, caracterizam-se por falta, excesso, desconforto e/ou dor na expressão e no desenvolvimento desse ciclo, o que afeta uma ou mais das fases deste.

Kaplan explica em detalhes o que se passa no corpo masculino e feminino a partir da primeira fase da resposta sexual, que é o *desejo*, ou seja, a vontade de fazer sexo. Tal vontade é desencadeada pelos órgãos dos sentidos (tato, olfato, visão, audição e paladar), além da imaginação, e a partir dela uma gama de transformações se dá.

Segundo Kaplan (2011, p. 7-9), a fase seguinte é a da *excitação*, que de acordo com ela se caracteriza pelo início de sensações eróticas e pela obtenção de ereção nos homens e lubrificação vaginal nas mulheres. As manifestações de tensão sexual também incluem uma reação corporal generalizada de vasocongestão e miotonia (a demora no relaxamento muscular após uma contração). A autora aponta que, além disso, à medida que o corpo se prepara para o estresse do coito, a respiração torna-se mais pesada, há aumento da frequência cardíaca e da pressão arterial, entre outros fatores.

De acordo com ela, no homem, o estágio de excitação é sinalizado pela obtenção da ereção peniana. Além disso, o escroto fica mais espesso e o saco escrotal se achata, enquanto os testículos começam a se elevar devido ao encurtamento dos cordões espermáticos. Tal como acontece com o homem, a fase de excitação da resposta sexual feminina é caracterizada por vasocongestão genital local e vasocongestão geral da pele e miotonia. A resposta da pele das mulheres (manchas) costuma ser mais acentuada e, além disso, durante a excitação os seios começam a inchar e os mamilos ficam eretos. Com referência específica às respostas genitais locais, a característica distintiva da resposta sexual feminina durante o estágio de excitação é a lubrificação vaginal. À medida que a mulher fica excitada, o ingurgitamento vascular dos tecidos profundos da vagina causa a formação de um transudato que constitui a lubrificação vaginal em suas paredes dentro de 10 a 30 segundos após o início da estimulação sexual. Há também alguns pequenos graus de vasocongestão do clitóris, que fica ereto em algumas mulheres, mas não em outras. Durante a excitação, o útero aumenta de tamanho devido ao ingurgitamento vascular e começa a subir de sua posição dormente no assoalho pélvico. Ao mesmo tempo, a vagina começa a aumentar e a inchar para acomodar o pênis.

No terceiro momento da resposta sexual, atinge-se o *orgasmo*. Conforme Helen Singer Kaplan (2011, p. 11-12), durante o orgasmo, que é considerado a sensação sexual mais intensamente prazerosa, o sêmen jorra do pênis ereto em três a sete jatos ejaculatórios em intervalos de 0,8 segundos. Ela prossegue afirmando que Masters e Johnson descreveram os componentes duais do orgasmo masculino: o primeiro consiste em contrações dos órgãos internos e sinaliza a sensação de "inevitabilidade ejaculatória". As contrações rítmicas da uretra peniana e dos músculos da base peniana e perineais que se seguem imediatamente constituem a segunda parte e são experimentadas como o orgasmo propriamente dito. Após o orgasmo, o homem fica refratário à estimulação sexual. Mais especificamente, um certo período de tempo, o "período refratário", deve decorrer antes que ele possa ejacular novamente. A autora complementa que, independentemente do modo de estimulação, o orgasmo feminino também consiste sempre em contrações rítmicas reflexas de 0,8 segundos dos músculos circunvaginais e perineais e dos tecidos inchados da "plataforma orgástica". As características do orgasmo são idênticas em todas as mulheres e as evidências clínicas sugerem que o orgasmo feminino pode sempre ser desencadeado por alguma forma de estimulação do clitóris.

Por fim, a quarta etapa da resposta sexual é a *resolução*. De acordo com Kaplan (2011, p. 12), durante a resolução, as respostas fisiológicas locais específicas do sexo diminuem e todo o corpo retorna ao seu estado basal. As respostas somáticas gerais aos estímulos sexuais diminuem rapidamente. A frequência cardíaca, a pressão arterial, a respiração e a vascularização da pele, que aumentaram devido ao esforço do coito, retornam ao estado de repouso minutos após o orgasmo.

Segundo ela, no homem, os testículos detumescem (desincham) e descem imediatamente para sua posição fria habitual. O pênis retorna ao estado urinário flácido mais lentamente. Exceto em homens muito jovens, que, após a ejaculação, podem ejacular um segundo tempo sem perda de ereção, o pênis detumesce em dois estágios. Primeiro, ele é reduzido para aproximadamente metade do seu tamanho totalmente ereto logo após o orgasmo, provavelmente porque os corpos cavernosos estão vazios de sangue. E, dentro de meia hora, depois que o corpo esponjoso e a glande, que respondem mais lentamente, são esvaziados, o aumento de tamanho diminui totalmente. Em homens mais velhos, a involução pós-coito do pênis ocorre mais rapidamente, muitas vezes em minutos.

A autora aponta que, na mulher, o clitóris retorna à sua posição normal 5 a 10 segundos após o orgasmo. Há rápida detumescência da plataforma orgástica; entretanto, Masters e Johnson afirmam que a vagina pode levar de 10 a 15 minutos para retornar ao seu estado de repouso relaxado e pálido. O orifício cervical continua "aberto" por 20 a 30 minutos após o orgasmo, momento em que o útero também completou sua descida para a pelve verdadeira e o colo do útero desce para a bacia seminal. A "pele sexual" dos pequenos lábios perde sua coloração profunda 10 a 15 segundos após a cessação da contração orgástica, presumivelmente à medida que o sangue é drenado da área genital.

As disfunções sexuais emergiriam, portanto, em cada uma dessas etapas descritas por Kaplan, independentemente do gênero e/ou da forma de viver a sexualidade. Cabe ressaltar, entretanto, que o modelo dela foi revisto, e surgiram propostas como a que Abdo e Fleury (2006, p. 165) apontam ao olhar para Basson, que propõe um modelo circular para o ciclo de resposta sexual da mulher, em que a ausência de desejo sexual espontâneo (no início do ciclo) não significa disfunção sexual, o que exclui muitas mulheres da categoria de disfuncionais. Esse modelo pode ser didaticamente dividido em cinco fases: (1) Início da atividade sexual, por motivo não necessariamente sexual, com ou sem consciência do desejo. (2) Excitação subjetiva com respectiva resposta física, desencadeada pela receptividade ao estímulo erótico, em contexto adequado. (3) Sensação de excitação subjetiva, desencadeando a consciência do desejo. (4) Aumento gradativo da excitação e do desejo, atingindo ou não alívio orgástico. (5) Satisfação física e emocional, resultando em receptividade para futuros atos. Mas, independentemente de revisões como essa, o modelo de Kaplan permanece como um norte para a compreensão da resposta sexual humana e o tratamento das dificuldades que podem emergir da prática do sexo.

E quais seriam essas disfunções?

A resposta pode ser obtida por meio do DSM-5 (*Manual Diagnóstico e Estatístico de Transtornos Mentais*, Edição Número 5, 2023), compêndio da Associação Americana de Psiquiatria (APA), que nos informa que as disfunções sexuais incluem: ejaculação retardada, transtorno erétil, transtorno do orgasmo feminino, transtorno do interesse/excitação sexual feminino, transtorno da dor gênito-pélvica/penetração, transtorno do desejo sexual masculino hipoativo, ejaculação prematura (precoce), disfunção sexual induzida por substância/medicamento, outra disfunção sexual especificada e disfunção sexual não especificada. Para cada disfunção sexual, o DSM-5 detalha critérios diagnósticos, que incluem tópicos como: características diagnósticas; características associadas que apoiam o diagnóstico; prevalência; desenvolvimento e curso; fatores de risco e prognóstico; questões diagnósticas relativas à cultura; consequências funcionais; diagnóstico diferencial; comorbidade. No entanto, acredito que não nos cabe aqui um mergulho no que tal obra aponta; trago apenas uma passada de olhos em uma das referências didáticas comumente utilizadas por quem se interessa ou trilha o caminho do trabalho com a sexologia.

Há também outras formas de classificação das disfunções sexuais e, entre elas, vale citar a CID-11, Classificação Internacional de Doenças, da Organização Mundial de Saúde (OMS), de 2019, que aponta, por sua vez, algo semelhante, em certa medida, ao DSM-5. Elas dão base para a avaliação, o diagnóstico e a compreensão dos casos que emergem nos consultórios de médicos e psicólogos e compõem um norte para as diversas abordagens de tratamento à luz da sexologia clínica.

Não pretendo aqui me estender no tema deste tópico, que é o que diz a sexologia como ciência. A ideia apenas é tecer um breve esboço desse campo. No entanto, acho pertinente esboçar ainda, e de forma bastante didática, alguns principais conceitos, a saber:

- Falta de desejo. É a baixa, ausência parcial ou total da vontade de fazer sexo. Ocorre quando o corpo não responde aos estímulos eróticos que chegam pelos órgãos dos sentidos e/ou pela imaginação. Ou seja, a resposta sexual humana não se inicia.
- Dor na penetração. Ocorre quando a mulher consegue receber a penetração do pênis na vagina, mas o órgão feminino apresenta certo grau de contração involuntária que impede que a segunda fase da resposta sexual (a excitação) se dê, tornando a penetração incômoda ou dolorosa.
- Vaginismo. É a dificuldade de a mulher receber a penetração vaginal. Na hora do ato sexual, ocorre uma contração involuntária da musculatura da vagina, e o canal fica com as paredes completamente fechadas, sendo impossível a penetração.
- Dificuldade de ter ou manter ereção. A disfunção erétil, que pode ser de variados níveis, desde branda até severa, ocorre quando o corpo masculino não entra naturalmente na segunda fase da resposta

sexual, que é a excitação, e o mecanismo de vasodilatação e vasoconstrição das variadas estruturas do pênis, como dos corpos cavernosos, não flui naturalmente. Com isso, a ereção não se dá ou não é possível ser mantida.

- Dificuldade de ter orgasmo. Também chamada de anorgasmia, é a dificuldade ou incapacidade de atingir um pico máximo de prazer que dura de 8 a 10 segundos e é seguido por um profundo relaxamento. Vale acrescentar que são as contrações desse clímax que fazem com que o sêmen seja lançado para fora do corpo masculino, que é a ejaculação. No corpo feminino, o orgasmo não precisa necessariamente expelir líquido algum, sendo que as contrações desse clímax na região pélvica podem levar algumas mulheres a expelirem certa quantidade de líquido.
- Ejaculação rápida ou precoce. Ocorre quando o corpo masculino lança o sêmen de forma acelerada, sem que a pessoa consiga sentir prazer e chegar ao orgasmo, como uma reação involuntária à estimulação sexual.

Quanto às causas das dificuldades, a lista é infinita e inclui fatores físicos e emocionais. Entre as causas orgânicas, estão: (a) doenças que podem interferir nos mecanismos de prazer, como diabetes, que pode vir a lesionar os tecidos do pênis e atrapalhar o mecanismo da ereção; (b) uso de substâncias que interfiram na resposta sexual natural, como o abuso de álcool e drogas; (c) o próprio processo de envelhecimento, que pode, entre outros fatores, interferir nos órgãos de sentido e em como o corpo percebe os estímulos eróticos; (d) presença de ISTs (Infecções Sexualmente Transmissíveis) que tragam incômodos na região dos genitais, entre outros.

Entre as causas emocionais, aparecem em destaque os temores, as preocupações, as cobranças e as ansiedades das mais variadas em relação ao desempenho, que podem promover uma descarga de adrenalina no corpo e, com isso, interferir nas variadas reações de prazer, especialmente na ereção, no orgasmo e na ejaculação. Tais causas emocionais estão aliadas às culturais, que envolvem fatores sociais, econômicos, históricos, religiosos e tudo o mais que compõe a lista de noções que cada pessoa tem acerca de sexo e sexualidade.

Enfim, em linhas gerais, essa seria uma visão da sexologia para as disfunções sexuais. Mas há muito mais ainda a enxergar. Sigamos.

O que diz a psicologia analítica

Em *Psicologia do Inconsciente*, ao olhar para a teoria de Freud e os novos rumos da psicologia, Carl Gustav Jung salienta o quão controvertido e polêmico é o problema do erotismo, e sempre será. Diz Jung: "'Eros é um grande demônio', declara a sábia Diotima a Sócrates. Nunca o dominamos totalmente; se o fizermos, será em prejuízo próprio" (OC 7/1, § 23).

E caminhando um pouco mais, nos escritos "A estrutura da alma", em *A natureza da psique*, Jung (OC 8/2, § 332) aponta, ao se referir a impulsos sexuais, que a sexualidade aparece como um deus da fertilidade, como um demônio feminino ferozmente sensual, como o próprio diabo, com pernas caprichosas dionisíacas e gestos obscenos, ou como uma serpente terrificante que procura sufocar suas vítimas até a morte.

Começo nossa conversa por aqui, pelo grande demônio que é Eros, pela serpente terrificante que é a sexualidade, e tudo o mais que nos traz esse olhar de Jung.

Um dos gigantescos, controvertidos e polêmicos problemas é o fato de ser justamente o contrário desse alerta feito por ele (de cautela com o desejo de dominar o que se refere ao campo do erótico, pois se o fizermos será em prejuízo próprio) que o processo de civilização nos propõe. Ou melhor, nos impõe.

De acordo com o pensamento de Jung (OC 7/1, apêndice 2), o processo da cultura consiste, como se sabe, numa subjugação progressiva do animal no homem. Segundo ele, é um processo de domesticação que não pode ser levado a cabo sem que haja revolta por parte da natureza animal, que tem sede de liberdade. O autor complementa que, de vez em quando, ocorre como que um estado de furor na humanidade constrangida pela atuação da cultura: a Antiguidade experimentou-o nas ondas de orgias dionisíacas que vinham do Oriente e que se tornaram um ingrediente essencial e característico da cultura antiga.

Considero importante iniciar esta revisão da literatura junguiana acerca de sexo e sexualidade (o que diz a psicologia analítica neste campo) assinalando esses dois pontos fundamentais, que darão base para nossas reflexões por aqui e nos capítulos subsequentes. Erotismo e cultura compõem, como já nos mostrava Jung desde os seus primeiros escritos, uma dupla de guerreiros que nos atravessam em batalha quando o assunto é a prática do sexo. Enquanto um seduz e lança flechas a esmo, em um cenário em que nem o céu é o limite, o outro planeja limitar, enquadrar, dar diretrizes, organizar, seccionar. E nessa batalha com o sexo, ambos se identificam, se aproximam e se conjugam, cada qual à sua medida, ou desmedida. Que, aliás, na origem da palavra, combina bem com o que a cultura nos propõe: sexo viria do latim *sexus*, que significa o estado de ser macho ou fêmea, mas derivaria também de *secare*, como apontam alguns pesquisadores, que significa seccionar, dividir, separar.

Para seguirmos, talvez seja interessante um longo parêntese, a fim de contextualizar a cena da época em que Jung viveu, se relacionou consigo e com o mundo, vivenciou e teceu a sua obra. Convoco aqui as palavras do filósofo Michel Foucault (1988, p. 9), em *História da sexualidade: A vontade de saber*, que aponta que, no início do século XVII, ainda vigorava uma certa franqueza. De acordo com ele, as práticas não procuravam o segredo; as palavras eram ditas sem reticência excessiva e, as coisas, sem demasiado disfarce; tinha-se com o ilícito uma tolerante familiaridade. O autor complementa que eram frouxos os códigos da grosseria, da obscenidade, da decência, se comparados com os do século XIX.

Ao longo da obra, que consiste em três volumes, Foucault discorre, avalia e critica o quanto a moral sexual foi se modificando com o tempo, e, no século XIX, torna-se severa, além de, por vezes, utilizada como artifício de poder e dominação. E, vale dizer, ainda hoje temos resquícios disso tudo: sexo, por exemplo, ainda é um tabu na nossa cultura, costumo sempre observar. Mas falemos do antes de nós.

No século XIX, como assinala Foucault, as pessoas eram submetidas a uma moral social e religiosa que bradava que o sexo só era permitido para reprodução. E com recato. Sem prazer. Sem desejo. Sem graça. Naquele cenário, eram consideradas obscenas e indecentes e, portanto, proibidas a "pessoas de valor", as práticas sexuais, por exemplo, com alguém do mesmo sexo, já que isso não geraria filhos. Vale notar que emerge daí uma série de equívocos em torno do envolvimento afetivo-sexual entre pessoas do mesmo sexo. E os resquícios desse olhar distorcido sobrevivem até hoje, como podemos observar com o ainda presente e não tão silencioso preconceito contra a homossexualidade, a bissexualidade, a transexualidade e qualquer outra forma de ser e de viver a sexualidade que não seja a heterossexualidade, o que tem um impacto devastador na psique, como abordaremos mais adiante.

Além disso, em tempos de sexo apenas para reprodução, também estavam fora do escopo o sexo oral, ou felação, que de acordo com o *Dicionário Etimológico* (Cunha, 1986, p. 353), vem do latim *fellatio*, que significa "ato de chupar, lamber os órgãos sexuais de outrem", e a penetração anal, ou sodomia, termo com raízes em Sodoma, considerada "cidade da Palestina onde reinava a luxúria" e que deu origem ao francês *sodomie*, para designar "práticas sexuais anômalas". Mais: inúmeras obras apontavam para "os malefícios da masturbação" tanto para a saúde física como mental. Masturbar, conforme o *Dicionário Etimológico* (Cunha, 1986, p. 506), vem do latim *masturbare*, que significa "provocar o prazer sexual pelo contato da mão, ou por meio de instrumentos adequados, nos órgãos genitais", ganhava adjetivos também como "estuprar com as mãos", ou *manus stupratio*, entre outros que trariam um sentido negativo à prática. Médicos e estudiosos da época chegavam a dizer que quem se masturbava, adoecia, enlouquecia e morria.

Como nos conta o antropólogo e historiador Gregersen (1983, p. 24), em *Práticas sexuais: A história da sexualidade humana*, uma classe médica significativa garantia que a masturbação, ou onanismo, levava à queda da inteligência, alucinações noturnas e propensões suicidas ou homicidas. O termo onanismo, por sua vez, como aponta Cunha (1986, p. 560), vem do francês *onanisme*, criado a partir de Onan ou Onã, que é um personagem bíblico citado no Gênesis, 38, a quem se atribui esse "vício". E, sim, talvez (e infelizmente) até hoje há quem pergunte, seja adolescente, seja adulto ou idoso, se não seria um vício ou qualquer outra coisa de conotação negativa, não saudável, ou errada, gostar de sentir prazer com a masturbação.

Enfim, as práticas sexuais como um todo eram encarceradas na vida cotidiana de homens e mulheres com crivos altamente restritivos. Gregersen (1983, p. 25) nos conta que a moral da época ditava que a atividade sexual, particularmente quando excessiva, causava vários distúrbios, incluindo elefantíase, cegueira, inchaço das gengivas, mau hálito, pernas fracas, embranquecimento dos cabelos e calvície. Segundo ele, todas as posições sexuais, exceto a missionária ou outras posições padrão, eram consideradas perigosas. Comentaristas rabinos, por exemplo, afirmavam que o coito realizado em pé levava a convulsões e impedia a fecundação; sentado, ao delírio; no chão, a filhos fracos; e em outras posições inaceitáveis, à diarreia.

Vale assinalar que a posição permitida, ou seja, a missionária (ensinada pelos missionários), é a posição que conhecemos até hoje, não à toa, com o nome "papai e mamãe", exemplificando bem como a moral coercitiva se enveredа por caminhos dos mais variados até os dias atuais.

Jung nasceu, foi educado, viveu e produziu seu conhecimento em meio ao espírito de uma época em que a sexualidade transbordava tabus e proibições morais que claramente impactaram em múltiplos aspectos do humano, entre eles o bem-estar e a saúde psíquica.

E ele bem sabia disso. Em *Civilização em transição*, Jung (OC 10/3, § 212) afirma que a ampla discussão da questão social trouxe à superfície da consciência social a extraordinária importância da sexualidade em todas as suas ramificações psíquicas. Ele prossegue afirmando que grande parte desse trabalho foi feito pela pesquisa psicanalítica e que já não é mais possível passar por cima da importante realidade psicológica da sexualidade com ar de deboche ou indignação moral. Para Jung, àquela época, começa-se a incluir a questão sexual no círculo dos grandes problemas e a discuti-la com a seriedade que sua importância merece. Conforme prossegue Jung, disso resulta naturalmente que muita coisa considerada assunto encerrado será posta em dúvida. Duvida-se, por exemplo, se a sexualidade oficialmente sancionada é a única forma moralmente possível e se todas as demais formas devem ser condenadas em bloco. Os argumentos a favor e contra vão perdendo sua agudeza moral; pontos de vista práticos vão entrando na discussão e finalmente começa-se a descobrir que a legitimidade tradicional não é *eo ipso* a mesma coisa que alto nível moral.

Em um texto de fevereiro de 1932, no prefácio para o livro de Esther Harding, *O caminho de todas as mulheres*, e publicado também em *A vida simbólica*, Jung (OC 18/2, § 1.799) continua argumentando contra a moral repressora da época e questiona: Afinal, por que existe a psicologia? Por que estamos interessados na psicologia exatamente hoje em dia? A resposta é: cada qual precisa dela. Parece que a humanidade chegou a um ponto em que os conceitos do passado já não servem, e começamos a ver que nosso próximo é um estranho, cuja linguagem já não entendemos.

Ele dá seguimento a essas ideias afirmando que algo desse pressentimento obscuro penetrou também no relacionamento dos sexos: nem todas as pessoas continuam convencidas de que todo o bem está no eu e todo o mal está no TU. Conforme aponta Jung, já podemos encontrar pessoas ultramodernas que se perguntam seriamente se não há alguma coisa errada conosco, se não somos por demais inconscientes, antiquados, e se essa não é a razão de, quando confrontados com dificuldades no relacionamento sexual, continuarmos a empregar com resultados desastrosos os métodos da Idade Média, ou os do homem da caverna. Ele complementa que há pessoas que leram com horror a encíclica papal sobre o matrimônio cristão (*Casti Connubii*), ainda que devam concordar que para o habitante das cavernas o chamado matrimônio "cristão" significa um progresso cultural.

Argumentos que são banhados por um humor afiado e certeiro. A Encíclica papal citada por Jung, promulgada por Pio XI, em 1930, versava, entre outros, sobre castidade e recato para os casais. E, sim, para os homens das cavernas, tudo isso pode ser um avanço cultural, mas não para o homem daquela época. Nem desta nossa, em que vivemos e ainda observamos resquícios de ideias equivocadas, estigmatizantes e preconceituosas acerca das sexualidades e do sexo, de como praticá-lo e com quem.

Sem querer me alongar demasiadamente, mas para não me furtar de apresentar aqui essa controversa e delicada temática de forma bem azeitada, que é a ideia do quanto o tema sexo era assunto tabu, e curiosamente ainda o é, trago a seguir mais uma reflexão de Jung. Dessa vez sobre as doenças venéreas, de Vênus, deusa do amor e do sexo, e que posteriormente passaram a ser chamadas de DSTs (Doenças Sexualmente Transmissíveis), numa tentativa de amenizar preconceitos e estigmas, e que na atualidade são nomeadas ISTs (Infecções Sexualmente Transmissíveis), a fim de abarcar uma gama maior de patologias. Jung (OC 10/3, § 211) afirmava, à época, que as doenças venéreas eram consideradas doenças "indecentes", ao contrário da varíola ou da cólera, moralmente de salão. Segundo ele, a humanidade posterior e melhor havia de rir dessa diferenciação.

Será? Infelizmente, somos a humanidade posterior, mas não melhor, pois ainda não rimos dessa diferenciação. Pelo contrário, ainda hoje, por exemplo, discriminamos como sociedade o portador do vírus HIV, o vírus da ainda considerada tão "indecente" aids. Claro que muitos de nós não o fazemos. Mas acredito que uma grande parcela, infelizmente, sim. Uma pena. Poderíamos estar rindo, como ventilou Jung, de um passado e considerá-lo até mesmo primitivo, atrasado. No entanto, talvez só nosso futuro é que irá caçoar de todas essas, ainda nossas, cegueiras e limitações.

Ao longo de sua obra, no entanto, Jung (e podemos dizer que a psicologia analítica em sua maior parte) não se debruçou especificamente sobre o problema da prática do sexo e suas possíveis disfunções, apesar de fazer menções a isso em variados momentos. Porém, mesmo não se dedicando longamente à questão das possibilidades e dificuldades de vivência da sexualidade, Jung não se eximiu de aplaudir quem o faz.

Como em *Civilização em transição*, no ensaio "O problema amoroso do estudante", que foi escrito nos anos entre as duas guerras mundiais, e que tratam, entre outras questões, da importância de se autoconhecer. Nesse texto, Jung (OC 10/3, § 214) afirma que não crê que a discussão do problema sexual seja algo não sadio ou até mesmo degenerativo. Segundo ele, é possível ver nesse problema um sintoma do grande processo de revolução psicológica de nosso tempo, tão rico em mudanças desse tipo. Jung aponta que acha mesmo que é melhor e mais sadio que se discuta com seriedade e profundeza essa tão importante questão para a vida e felicidade das pessoas. Segundo ele, com certeza haverá pessoas que praticarão abusos, mas isso não é intrínseco ao problema; é sinal da mediocridade dessa gente e, além do mais, abusos sempre foram praticados em todos os tempos, contra tudo e contra todos.

E há mais, muito mais, quando o assunto é sexualidade e o olhar junguiano para tudo isso. Adentraremos agora o campo do símbolo, daquilo que transcende. Já nos primeiros anos de vida, Jung se depararia com os aspectos numinosos em torno do sexo e da sexualidade, conforme ele nos conta em *Memórias, sonhos e reflexões* ao relatar um sonho que teve aos 3 ou 4 anos de idade. O sonho começa em uma campina próxima a um presbitério e se desenrola conforme Jung (1975, p. 25) descreve:

> O presbitério fica isolado, perto do castelo de Laufen, e atrás da quinta do sacristão estende-se uma ampla campina. No sonho, eu estava nessa campina. Subitamente descobri uma cova sombria, retangular, revestida de alvenaria. Nunca a vira antes. Curioso, me aproximei e olhei seu interior. Vi uma escada que conduzia ao fundo. Hesitante e amedrontado, desci. Embaixo deparei com uma porta em arco, fechada por uma cortina verde. Esta era grande e pesada, de um tecido adamascado ou de brocado, cuja ri-

> queza me impressionou. Curioso de saber o que se escondia atrás, afastei-a e deparei com um espaço retangular de cerca de dez metros de comprimento, sob uma tênue luz crepuscular. A abóbada do teto era de pedra e o chão de azulejos. No meio, da entrada até um estrado baixo, estendia-se um tapete vermelho. A poltrona era esplêndida, um verdadeiro trono real, como nos contos de fada. Sobre ele uma forma gigantesca quase alcançava o teto. Pareceu-me primeiro um grande tronco de árvore: seu diâmetro era mais ou menos de cinquenta ou sessenta centímetros e sua altura aproximadamente de uns quatro ou cinco metros. O objeto era estranhamente construído: feito de pele e carne viva, sua parte superior terminava numa espécie de cabeça cônica e arredondada, sem rosto nem cabelos.

Jung então descreve um rosto sem feições, dotado apenas de um olho único e imóvel que fitava o alto – um detalhe que acentua o caráter monstruoso e numinoso da visão.

> O aposento era relativamente claro, se bem que não houvesse qualquer janela ou luz. Mas sobre a cabeça brilhava uma certa claridade. O objeto não se movia, mas eu tinha a impressão de que a qualquer momento

> poderia descer do seu trono e rastejar em minha direção, qual um verme. Fiquei paralisado de angústia. Nesse momento insuportável ouvi repentinamente a voz de minha mãe, como que vinda do interior e do alto, gritando: 'Sim, olhe-o bem, isto é o devorador de homens!' Senti um medo infernal e despertei, transpirando de angústia. Durante noites seguidas não queria dormir, pois receava a repetição de um sonho semelhante (Jung, 1975, p. 26).

Para refletir sobre isso, convoco aqui outro autor. No artigo "A infância de Jung e sua influência no desenvolvimento da psicologia analítica", publicado em *Cadernos Junguianos*, número 2, Feldman (2006, p. 140-141) comenta que, do ponto de vista arquetípico, o falo no sonho de Jung é um símbolo enormemente criativo. Ele cita que, segundo Von Franz, para os romanos antigos, o falo simboliza o gênio sagrado do homem, a fonte de seus poderes físicos e mentais criativos. Além disso, o falo simbolicamente é o depositário de todas as ideias inspiradas ou brilhantes e de sua animada alegria de viver. Também aponta que, na Grécia Clássica, para Keuls, toda a religião dionisíaca, e com ela a tragédia e a comédia, parece surgir de uma veneração sistemática do falo e da função geradora masculina.

Nos dicionários, o verbete nos remete a ideias igualmente curiosas e interessantes. A começar pela etimologia da palavra: de acordo com o *Houaiss* (2009, p. 870), falo descende do latim *phallus*, cujo significado é "figura que representava as partes sexuais do homem e que, nas festas de Baco, levava-se como símbolo da geração". Ou, segundo Cunha (1986, p. 348), do grego *phallos*, pênis, que "se documenta em vocábulos eruditos, alguns formados no próprio grego, como falagogia, e muitos outros introduzidos, a partir do século XIX, na linguagem científica internacional". Aparece também, para Chevalier (2008, p. 418), como "símbolo do poder gerador, fonte e canal do sêmen, enquanto princípio ativo" sendo que "sua representação não é obrigatoriamente esotérica [...] nem erótica: ela significa simplesmente a potência geradora que, sob essa forma, é venerada em diversas religiões".

Foi só muito mais tarde que Jung pôde descobrir que a forma estranha do sonho da infância era um falo ritual, como um deus subterrâneo entronizado de maneira itifálica, ou seja, ereto. A fonte de luz sobre ele indicaria a etimologia numinosa e brilhante do falo. Além disso, seriam necessários mais cinquenta anos para, ao se deparar com um comentário sobre ritos religiosos que trazia como tema fundamental a antropofagia no simbolismo da comunhão, se ver diante de um leque de novos significados e questionamentos suscitados pelo seu sonho de infância.

Jung (1975, p. 27-28) relata que nesse momento compreendeu como era pouco infantil, como era madura e mesmo excessivamente precoce a ideia que começava a insinuar-se em sua consciência por ocasião daqueles dois acontecimentos: Quem falava em mim? Que mente ideara esses acontecimentos? Que inteligência superior estava em ação? O que falava em mim nesse tempo? Quem propunha as questões supremas? Quem reunia o alto e o baixo, estabelecendo a base de tudo o que preencheria a segunda metade da minha vida de tempestades apaixonadas? Quem perturbava a tranquilidade e a inocência com esse pesado pressentimento da vida humana, a mais madura? Quem, senão o hóspede estrangeiro, vindo do alto e do baixo?

Nosso hóspede estrangeiro vindo do alto e do baixo, é, como bem sabemos, tema para vidas inteiras de estudos e reflexões. A obra de Jung está repleta de reflexões como essa, apontamentos, aprofundamentos, amplificações. À medida que escrevo, imagens vão emergindo em mim e me mostrando o quanto percorri a obra junguiana sempre com um espaço reservado para pinçar tudo o que brotasse acerca de sexo e sexualidade, e que me ajudasse a fazer pontes em minha prática no consultório. Fui planejando, então, como eu poderia sistematizar os conceitos encontrados. Mas, certo momento, questionei: seria de fato necessária essa sistematização? Afinal, a vivência do sexo, como qualquer outra vivência, não está regida pelo mesmo panteão arquetípico? Seja na prática do sexo, no trabalho, na escola, seja ao atender em consultório, ao viver as relações interpessoais, o que nos perpassa não é sempre da mesma matéria, se assim pudermos nomear?

Ou seja, percebi ao longo do processo que poderia continuar pinçando falas específicas sobre sexualidade. Mas a questão era muito maior, mais profunda, mais ampla. Foi como se tudo se descortinasse à minha frente, e a falta de fôlego que sentia ao tentar fazer pontes entre psicologia analítica e sexologia, aos poucos, se arrefeceu.

Surpresa foi a minha ao fazer esse levantamento na literatura junguiana e descobrir que alguém havia organizado sistematicamente, como eu já almejara um dia, a maior parte do que Jung deixara para nós como reflexão sobre sexo e sexualidade. Estou me referindo a Santana (2017, p. 38), que, em *Jung and Sex*, aponta que as visões abrangentes de Jung sobre sexo e sexualidade são estruturadas em torno de quatro temas centrais em seus escritos: (a) sua orientação sobre o conflito no paciente entre instintos naturais e normas sociais ou moralidade; (b) sua oposição à simplificação ou reducionismo dos sintomas sexuais; (c) suas advertências aos terapeutas em cinco áreas, incluindo a resistência do paciente aos complexos, a dificuldade do tratamento, a prevalência de material erótico na psique, o sexual como meio de disfarçar questões mais profundas e os desafios das transferências eróticas; e (d) suas opiniões sobre como esses sintomas apontam para os desafios da individuação e do poder do inconsciente, que se revelam por meio dos fenômenos sexuais.

Em grande parte da obra, Santana reafirma o quanto Jung, ao se referir ao sexo e à sexualidade, aponta para novos rumos e amplia o campo de estudo até então circunscrito a olhares um tanto simplistas e reducionistas para fenômenos tão complexos. E rumando para o final de sua obra, Santana (2017, p. 121) comenta que a principal preocupação de Jung era investigar a sexualidade principalmente por seus aspectos espirituais e significados numinosos, embora também acreditasse na importância de compreender seus aspectos instintivos e físicos. Para ele, Jung estava tentando mover a psicologia para além das visões reducionistas predominantes de seu tempo, tentando expandir o significado cultural e psicológico e o valor dos fenômenos sexuais.

Em *O falar da alma nas disfunções sexuais*, Imperatrice aprofunda e amplia o olhar para esse numinoso e para a cena, em certa medida silenciosa, que se entrelaça com cenários passados e que se descortina na nossa vida cotidiana. Imperatrice (2015, p. 33) nos leva a refletir que, com a divisão corpo, alma e espírito, tirou-se a sacralidade da existência humana, e o sexo tornou-se profano, por não podermos mais ligá-lo ao divino. Segundo ela, barramos também uma participação da alma, seja no prazer, seja nos problemas da sexualidade. O autocontrole é o que sobrou, deixando no esquecimento a indulgência que deveríamos ter conosco e com a nossa sexualidade. E a autora conclui que acabamos buscando entendimento no vazio, deixando de lado o que nos ajudaria: voltar-se ao mais primitivo, instintual e espontâneo. Do que realmente o sexo precisa.

Dividimos para tentar apreender, compreender, capturar, lidar. Mas, ao seccionar, criaram-se feridas. A disfunção sexual talvez aponte justamente para isso. Imperatrice (2015, p. 36) completa que toda disfunção nada mais é que um lembrete. Uma tentativa de fazer com que olhemos o quanto anda a nossa vida. De acordo com ela, é uma parada para reavaliar o que estamos fazendo ou deixando de fazer e, com isso, possibilitar que coisas em nós possam morrer e ressuscitar em outra história. Como temos medo da morte, conservamos o que não serve mais, até que no final algo em nós adoeça. E, por possuirmos fortes raízes na medicina, a grande busca se tornou a saúde do corpo, o seu funcionamento perfeito em detrimento de ir ao encontro, numa primeira instância, a uma alma saudável.

A autora nos convida também a refletir sobre o lugar profano e nada sagrado, ou "à margem", que a prática do sexo ganha na vida dos casais ainda hoje. Imperatrice (2015, p. 47) nos propõe a pensar que não é a toa que muito da nossa sexualidade e do sexo são colocados à margem e literalmente na sarjeta. Ela nos leva a refletir que, sem a possibilidade de serem vistos como sagrados, é a alma que tenta nos falar através deles, e que também é colocada à margem e na sarjeta. Aquilo que está à margem, marginalizado, é tratado com excesso de moralismo, nos afastando ainda mais do seu contato. Para a autora, o abismo está, então, colocado, e a separação da pessoa com o sexo e com a alma está instituída.

É de suma importância olharmos para o lugar ao qual os prazeres sexuais parecem estar relegados mesmo nos dias de hoje. O que sobra para o sexo? O que fica no esquecimento? Mas talvez a pergunta que traga a resposta mais ampla, profunda, preciosa e, por que não, curativa, seja outra. Conforme nos aponta Imperatrice, talvez a cura de uma disfunção sexual seja poder responder à pergunta: O que a alma quer de mim?

Essa pergunta é das mais profundas. Requer uma pausa, um respiro profundo, pois adentramos aqui o campo do sexo como sintoma de algo que não vai bem. Onde? No corpo, na alma, no espírito ou onde quer que seja, e a alma talvez esteja "simplesmente" apontando para isso.

Vamos nos alongar, mergulhar, ampliar e aprofundar nesse ponto na parte seguinte deste livro. Agora, olharemos para mais alguns ângulos que o conteúdo amplo e profundo da psicologia analítica nos traz. Retomarei aqui um ponto fundamental quando o assunto é sexualidade. Ou sexualidades como prefiro dizer. Afinal, cada pessoa é única e cada um de nós terá um jeito único de viver a própria sexualidade. Somos, portanto, uma diversidade de sexualidades, de jeitos de amar e de sentir os desejos, as excitações, os orgasmos, os prazeres, as paixões, os amores, as flechas de Eros, os vínculos afetivos e sexuais.

Em "O amor entre parceiros do mesmo sexo e a grande tragédia da homofobia", publicado nos *Cadernos Junguianos*, número 6, Barcellos nos faz ampliar e aprofundar o olhar sobre o trabalho com a alma nesse campo minado que a moral dos séculos anteriores começou a produzir, e que alimentamos em certa medida até hoje. Para Barcellos (2010, p. 48), qualquer trabalho com a alma, qualquer trabalho clínico com indivíduos homossexuais passa necessariamente por uma conscientização e uma elaboração do que a homofobia fez em suas vidas. De acordo com o autor, se você é uma criança de inclinações homoeróticas sendo educada numa família heterossexual, e numa cultura heterossexual, sentir que há algo "errado" com você é o início de um processo de ferimento em sua capacidade de amar e de se amar, na capacidade de cultivar amor-próprio, de consequências importantes, que mais tarde a psicoterapia irá entender e rotular, de modo um tanto simplificado, como "baixa autoestima". Segundo ele, isso começa cedo. Essa criança simplesmente não será aceita. Para o autor, o pior desastre, portanto, aquele de caráter mais extenso, é o profundo comprometimento da autoestima.

Barcellos (2010, p. 48) também afirma que a essa criança é "ensinado", nada mais nada menos, que sua força vital, seu eros, seu amor, é seu inimigo. O amor, nesse exato momento, cai facilmente na sombra. Só lhe resta, a esse amor, o obscuro de uma vida clandestina, a dúvida profunda, a ambiguidade de sensações, a desconfiança. Consequentemente, essa criança não terá, em seu ambiente, o tipo de espelhamento, naquilo que sente, vê e deseja, que formaria a base para aprender a amar a si mesma e, portanto, os outros, num nível de fato profundo. O autor conclui afirmando que, com a criança heterossexual, apesar dos perigos que os caminhos de Eros naturalmente sempre apresentam, o quadro é outro, pois tudo vem confirmar sua experiência de interioridade.

Há que se olhar para as sexualidades de forma mais arejada para poder lidar com qualquer tema que as circunde, envolva, mergulhe, transpasse, o que inclui Eros e nossas vivências ao sermos atravessados por ele. E acredito que Barcellos tenha algo fundamental aqui a sugerir, quando nos propõe, ao falar de homossexualidades, o que a meu ver pode ser ampliado às diversas formas de vivenciar a sexualidade. Até mesmo à tão normativa heterossexualidade.

De acordo com Barcellos (2010, p. 53), na homossexualidade o sujeito cruzou uma barreira e está, por assim dizer, além da heterossexualidade, além do jogo de opostos – o que, em última análise, e, numa perspectiva histórica, é arquetípico, não cultural. De acordo com ele, sabemos que o sujeito homossexual moderno é apenas uma compreensão normativa e uma formulação nominalista de um fenômeno erótico que ultrapassa as barreiras da história, e que ultrapassa também, cabe insistir, as barreiras de uma linguagem e de uma percepção construída a partir de pares de opostos, bipolar, dual. Para o autor, entretanto, a compreensão da psique homossexual precisa de uma percepção que escape assim do oposicionismo como método e como pensamento, pois senão ela o anula desde o início. Ele complementa que, aqui, os mitos de Eros são mais importantes na tentativa de compreensão da alma homoerótica (na teoria e, especialmente, na clínica) que qualquer imagem que nos devolva às reduções de masculino/feminino.

É um belo convite para irmos além, que eu aceito nos meus pensares, nos meus escritos, na minha prática clínica, nas minhas relações interpessoais, na minha vida.

Nesse ir além, há que se lutar para ir além dos clichês, dos preconceitos, de ideias que serviram de base, mas que certamente podem ser ampliadas, revistas, aprofundadas. Jung, como ele próprio menciona em inúmeros pontos de sua obra, assim o queria. Portanto, como sabemos, ele enxergava a psique: dinâmica, sempre em movimento, em transformação, com os deuses em uma eterna e transformadora dança. É em nome dessa transformação que reverberam as palavras de Barcellos em mim.

Trago, então, mais um pouco desse autor, sem querer abusar de suas ideias. Para Barcellos (2010, p. 53),

> Nesse contexto arquetípico, ainda, podemos encarar o relacionamento erótico entre homens (ou entre mulheres) para além dos clichês conceituais das psicologias em geral (a analítica inclusive), e daí percebemos suas expressões e suas paixões humanas mais profundamente como "um confronto introduzido pelos próprios deuses", ou "fricções desencadeadas por uma mistura peculiar de arquétipos", para utilizar as expressões de López-Pedraza.

Ainda de acordo com Barcellos, assim voltamos finalmente a Eros. E o amor, Eros, trabalha para a clarificação. Ele conclui afirmando que, como diz James Hillman, o amor trabalha a transparência, o que faz pensar que o amor quer mostrar quem somos. Em nenhuma outra situação estamos mais expostos.

Amor, como bem traz Barcellos; e alma, conforme aponta Imperatrice, ou seja, Eros e Psique, esses deuses, como tantos outros, isto é, a cena arquetípica que existe *a priori* na vida de cada um de nós, sim, tudo isso almeja, se assim pudermos dizer, nos mostrar algo. E o que querem que vejamos é, certamente, uma bela pergunta a ser feita (e sempre refeita) por cada pessoa interessada no profundo conhecimento de si, e em processo de transformação do que já não lhe serve mais. No entanto, pergunta essa nada fácil de ser respondida.

Numa visita ao mito Eros e Psique, contado por Apuleio, podemos perceber a longa e delicada jornada que tanto o Amor como a Alma fazem para se conhecer, se reconhecer, se perdoar, se transformar e seguir, numa eterna busca de transparência em que outros deuses entram em jogo, seja para colaborar, atrapalhar, trazer certa luz, certo conflito, ou o que quer que seja que precisemos vivenciar. Entre eles, Afrodite, a deusa do amor e da beleza, enciumada como mãe e sogra; Hades, o deus das profundezas, do mundo das trevas e, ao mesmo tempo, o espaço a se visitar a fim de encontrar algo e emergir do mergulho por lá; Volúpia, como o que nasce do encontro dos amantes divinos que se transformam, se perdoam e se reencontram. Ou ainda outros tantos que o mito (a vida) nos apresenta.

Sabemos que o mito de Eros e Psique nos fala, em uma primeira observação, da jornada da alma, da nossa jornada, no caminho da individuação. Mas fala também da jornada do amor, do nosso erotismo, por esse caminho. Assim como Psique, Eros também precisa se autoconhecer para se transformar. Não só: há uma transformação também em Afrodite, entre outros. E é dessa simplicidade complexa do sexo almado que pretendo falar mais neste livro, tema tão conturbado, polêmico, estigmatizado, e que tanto me arrebata e entorpece. Caminhemos um pouco mais então.

PARTE 3

Atendimento clínico

Os vãos nossos de cada dia

Antes de passarmos ao atendimento clínico propriamente dito, farei aqui um preaquecimento. O meu. Talvez o seu também. Vejamos...

"*Mind the gap between the train and the platform*". Essa fala ficou repercutindo na minha cabeça, não entendia por que nem para quê, quando comecei a fazer o levantamento bibliográfico para compor a base teórica destes escritos. "Atenção ao vão entre o vagão e a plataforma" é uma frase corriqueira no metrô de cidades como Londres e outras mais na Europa. Eu estava pesquisando livros e artigos científicos em inglês, para que pudesse ter uma noção mais abrangente sobre o que temos acerca do tema disfunções sexuais à luz da psicologia analítica. Que *gap* era esse que ficava ressoando na minha cabeça? Qual o sentido disso na minha vida?

E veio o *insight*: atenção para o vão e a queda ao sair do vagão, do universo das ideias e comportamentos coletivos, em direção à plataforma, para onde um mundo de novas possibilidades únicas e inéditas se abrem. Cair onde? Cair no quê? Talvez, nas profundezas de algo do qual não conseguisse sair?

Olhar para as profundezas, para o "*gap between the train and the platform*", é algo que nós, junguianos, buscamos não só na prática clínica, mas especialmente na nossa vida individual, já que como psicólogos trabalhamos com o mesmo material de que somos feitos, o que dificulta um tanto as coisas. O problema me parece, então, que não é o fato de olhar para o *gap*, prestar atenção nesse vão, nessas profundezas, mas sim perder-se nelas. Talvez um limbo no qual ficamos presos quando não conseguimos chegar à plataforma da nossa vida, da qual se descortina um mundo de caminhos únicos e, ao mesmo tempo, universais.

Arquetípicos *a priori*, os caminhos dessa plataforma são apenas em parte claros e conscientes. Em outros tantos, sabemos bem, são inconscientes, e povoados pelos mais variados complexos, constelados à medida que caminhamos, muitas vezes acreditando que fazemos as coisas exclusivamente da nossa cabeça. Mas, ao caminhar dessa forma, logo à frente vem um tombo, do qual só levantamos se pedirmos passagem aos deuses. É nesse cenário arquetípico que a dança das disfunções sexuais se apresenta, especialmente quando não ficamos atentos aos vãos e tombos entre o fazer coletivo e as vivências que almejam o caminho para a individuação. Adicionados a isso temos o espírito da época, com todos os seus avanços. E revezes. O que está em cima, está abaixo. O que está dentro, está fora. E a cena alquímica em que vivemos diz muito de todos nós, à medida que solvemos e coagulamos novas ideias.

No dialeto dos sexólogos, somos um ser biopsicossocial: temos um corpo físico, ligado a um campo emocional e inserido em um universo histórico, cultural, econômico, político, social. Mas o campo das dificuldades sexuais não precisa se restringir a essa ontologia. O olhar pode passear por infinitas abordagens, como a fundada por Jung e que, ao longo dos tempos, ganhou força e desdobramentos específicos em suas vertentes clássica, desenvolvimentista e arquetípica.

Há quem fale com maior propriedade do que eu sobre as especificidades de cada uma delas. A minha proposta aqui, no entanto, é olhar para o campo da psicologia analítica como um todo em busca de possibilidades de interlocução com a sexologia, a fim de tratar na clínica a questão das nossas dificuldades sexuais.

Sim, são sintomas de algo maior. De algo que não vai bem dentro. Nem fora. Como olhar para esse algo? Como atender na clínica junguiana? Que contribuições a sexologia pode trazer à psicologia profunda no que tange a disfunções na prática do sexo, e vice-versa?

Demorei a chegar nessas questões e em possíveis respostas. Estava presa no vão entre o trem e a plataforma, sem saber como nem para onde, ou para quê, sair dali. Na verdade, a conversa entre a sexologia, campo da minha primeira especialização; e a abordagem junguiana, campo da minha prática clínica, sempre me interessou. E amedrontou: seria capaz de discorrer sobre isso? Teria algo a contribuir? Conseguiria trilhar o meu caminho na plataforma?

Foram necessários alguns anos de análise, supervisão e formação para que acreditasse que sim, que poderia emergir da frieza (e criatividade) do Hades e me lançar na quentura (e fertilidade) do encontro de Eros com Psique, dos ciúmes de Afrodite e, quem sabe, produzir algo amadurecido e, especialmente, almado. Peço, portanto, licença aos deuses para trilhar da forma mais consciente e clara possível o caminho a que me proponho aqui, certa de que, nesse meu mergulho, trarei humildemente à tona apenas algumas gotas de reflexão diante da imensidão do tema sexo e sexualidade, especialmente das questões acerca das dificuldades sexuais.

Convido você, leitor, a me acompanhar, de coração aberto e curiosidade aguçada. Meu intuito é deixar a alma passear por aqui. Ao final destas linhas, espero ter sido capaz de responder a contento as seguintes questões: De que forma, a meu ver, é possível atender e tratar em consultório as principais queixas sexuais que se apresentam, como as disfunções de desejo, excitação e orgasmo, tendo como base a psicologia analítica? É possível construir pontes entre a sexologia e a abordagem junguiana? Qual o meu olhar para isso tudo?

Lembrando que não pretendo, de forma alguma, esgotar o assunto, que é infinito, nem construir uma espécie de manual de orientações ou um "passo a passo" para a clínica das dificuldades sexuais, já que o trabalho profundo com a psique não cabe (e não se encaixa) nesse tipo de noção. Vale lembrar também que há não apenas uma única (ou uma "melhor"), mas sim uma pluralidade de abordagens em psicologia. A que esboço aqui e na qual me baseio neste livro é com a qual trabalho e que faz mais sentido para mim.

Sim, há muito conflito dentro e fora, acima e abaixo, quando o assunto é sexo. Gosto de ilustrar isso com uma frase que me tocou profundamente desde a primeira vez que li, e que acredito fazer enorme sentido quando penso em desafios cotidianos, sejam eles de qualquer tipo, o que inclui também a vivência do sexo: "A vida sempre é uma viagem entre Esquila e Caríbdis", afirma Jung em *Ab-reação, análise dos sonhos, transferência*.

Ambas pertencentes à mitologia grega, Esquila teria sido, conforme versão de Ovídio, uma bela ninfa transformada pela feiticeira Circe em monstro marinho, e habitaria o mar em lado oposto a Caríbdis. Esta, por sua vez, teria tido uma existência como uma ninfa portadora de intensa voracidade, o que a levou a ser fulminada por um raio de Zeus e lançada ao mar, onde se transformara em outro monstro marinho.

Esquila e Caríbdis habitariam o Mar Mediterrâneo no Estreito de Messina, aterrorizando os mortais e aludindo aos perigos de navegar por águas turbulentas. Tenho a impressão de que nossa viagem neste universo segue por essas águas. Continuemos como pudermos, então.

O encontro analítico

A chegada do paciente ao consultório, na primeira vez que a pessoa se apresenta, é um momento misto de expectativa, alegria, ansiedade e outros sentimentos e emoções, para ambos os lados, num profundo mergulho no desconhecido. Não sabemos quem chegará. As informações são um tanto reduzidas, superficiais: fulano de tal, indicado por tal pessoa. Sabemos talvez algo do estado civil, da idade, profissão, queixa. Mas só. E a porta se abre. Com ela, ou quem sabe até mesmo antes disso, o vaso alquímico se configura. A alma observa, portanto, atenta, o espaço que poderá, ou não, povoar. Tudo depende do processo que se inicia.

E assim começamos.

Já nas primeiras linhas de *O encontro analítico*, Jacoby (2011, p. 19-20) assinala que a prática da psicoterapia junguiana consiste em duas pessoas se encontrando para tentar compreender o que se passa no inconsciente de uma delas. O paciente ou analisando normalmente tem sintomas, conflitos ou outras insatisfações profundas com as quais vem lutando sozinho em vão, pois eles parecem ser mais poderosos do que qualquer força de vontade consciente que esteja a seu dispor. Ele precisa, portanto, de ajuda, e busca um psicoterapeuta. A chamada relação analítica entre parceiros é absolutamente necessária para o processo terapêutico, porém alguns de seus aspectos impulsionam o processo enquanto outros tendem a atrasá-lo. O encontro analítico pode torná-lo tão complexo quanto uma relação íntima.

Com esse olhar, emerge uma série de questionamentos. O que eu, analista, penso sobre sexo e sexualidade? Como vivo a minha vida amorosa e sexual? Quais são meus valores, minhas crenças, meus limites e minhas possibilidades? Que consciência tenho sobre mim, sobre os meus processos, os meus vãos, os meus pontos negros? Até onde cheguei em minha análise pessoal? O quanto pude me "deparar" com a Sombra, a Persona? Qual mito (ou quais) me atravessa(m) neste momento? Com o que tenho sonhado? Que imagens emergiram em mim hoje? E na abertura da porta para atender quem chegou ao consultório? E durante o atendimento? E após? Como tudo isso se conjuga em mim, com o que sou hoje, com o que a minha alma pede?

Poderia ficar aqui levantando inúmeras questões. Mas seria em vão tentar listar todas, pois são infinitas. E um tanto delas, nem ainda sei que precisaria fazê-las a mim mesma. Isso é tarefa que a alma vai nos impondo aos poucos, no dia a dia, noite após noite, despertar após despertar. E adormecer novamente.

Os caminhos pelos quais trilhamos diariamente vão nos colocar mais, ou menos, aptos a perceber, intuir, pensar, sentir ou o que mais for possível diante daquela pessoa que se apresenta para nós a fim de buscar um tratamento para sua dor. No campo das disfunções sexuais, isso não poderia ser diferente. E recebo, portanto, a pessoa que se apresenta com a queixa sexual, como receberia qualquer outra demanda: imersa nessa complexidade do encontro analítico em que preciso estar o mais consciente possível do que me pertence, para poder tentar compreender o que é do outro e, ao mesmo tempo, o que é nosso, dentro daquele vaso hermético, e na nossa existência como um todo, já que somos feitos do material que somos. Ou seja, do mesmo.

Certa vez, quando recém-formada, recebi uma mulher de cerca de 65 anos, casada havia 40, avó de vários netos. Veio de outro estado para meu consultório em São Paulo a fim de uma consulta apenas. Começou a trazer a queixa: o marido e ela frequentavam casas de suingue, ou troca de casais, fazia alguns anos, como forma de resgatar o apetite sexual perdido com a rotina do casal. E ela estava descontente com algo naquilo tudo. Imediatamente comecei a ir, nos pensamentos, para imagens como "coitada desta avó, se sujeitando a isso". Algo em mim ordenou silêncio e apenas perguntei, após muito ouvir, como ela se sentia com aquilo tudo que estava relatando. Para minha surpresa, e profundo aprendizado, a resposta foi algo como: "Me sinto muito bem, adoro ir aos clubes de suingue, só não gosto mais ainda porque, como lhe contei, meu marido é que escolhe com quem vamos transar. E eu gostaria de poder escolher também". Caí, literalmente, em mim. Ou de mim. Quem estava ouvindo-a até aquele ponto? Que valores e crenças faziam ruído nos meus ouvidos? O que embaçava, ou vendava, o meu olhar? Que conceitos e preconceitos gritavam em mim?

Sem mesmo ainda estudar a fundo a psicologia analítica, como vim a fazer apenas anos depois desse encontro analítico, pude vivenciar que a alma "andou" por ali e me colocou no meu lugar, onde passei a estar, ou procurar estar, em todo atendimento futuro: no lugar do nada sei, do apenas estou aqui, nessa mesma água alquímica, junto à paciente, tentando trabalhar com o que o encontro me traz, fazendo o que for possível, e acreditando que nada, de fato, nos atravessa por acaso. Há significado. Há símbolo. É complexo, e há complexos. Há deuses. Há um infinito desconhecido em jogo. Há o numinoso. E, com isso, infinitas possibilidades de transformação. De transcendência.

Mas há que se fazer o processo. Não só a outra pessoa, mas quem a atende também. O processo se dá, afinal, justamente nesse encontro de almas. Uma ferida, a outra também. Cada qual a seu modo. A seu tempo. A sua medida. Mas ambas feridas.

Jacoby (2011, p. 53-54) complementa o que estou tentando tecer aqui, ao refletir sobre o valor terapêutico da contratransferência. Para ele, a visão de Jung de que a análise é um processo dialético no qual médico e paciente estão envolvidos como pessoas inteiras traz a chamada contratransferência da análise para o foco. Freud, já em 1910, foi o primeiro a reconhecer certa importância na contratransferência. Como aponta Jacoby, ele a viu, essencialmente, como um perigo para o analista que poderia perder sua neutralidade, que Freud acreditava ser vital para fazer interpretações corretas dos conflitos inconscientes do paciente. Sentimentos de contratransferência deveriam ser evitados, tanto quanto possível, e eliminados por meio da análise, ou, ao menos, da autoanálise. Já Jung não compartilhava dessa opinião. Ele sentia que o analista não poderia evitar ser por vezes afetado, até profundamente, pelo seu paciente e que seria melhor aceitar esse fato e estar o mais consciente dele possível.

Conforme complementa Jacoby (2011, p. 54-55), essa visão de Jung, ampliada e aprofundada em *A prática da psicoterapia*, abre todo um leque de possibilidades. Para ele, por exemplo, o próprio analisando pode também ser vivenciado inconscientemente pelo analista como figura paterna. Se o analista for aberto o suficiente para prestar atenção em suas reações de sentimentos antes de o paciente chegar, ou no decorrer das sessões, ele poderá ver que estava, por exemplo, ansioso por não decepcionar as expectativas do paciente. Ou poderá sentir-se um pouco burro com certo paciente e incapaz de ter um único *insight* significativo. Outro analisando poderá constelar nele impulsos para compartilhar seus próprios problemas, pois aquele analisando parece ser tão caloroso, maduro e compreensível.

Trabalhar com essa noção, ou seja, na contratransferência, percebendo o quanto e como somos afetados enquanto analistas, é olhar para si profundamente, o que requer análise pessoal e, claro, supervisão. E estudo. E trabalho. E vivência. E visita(s) ao Hades, como o mundo criativo das nossas trevas, do que nos está oculto. E retorno(s) de lá. E contemplar, o que está dentro, o que está fora, o que não está. Deixar vir. Se permitir ver. Ficar com a(s) imagem(ns). Contemplar a vida de novo. Viver. Se emocionar. Ouvir, enxergar, tatear, farejar, saborear com o coração, não só com a mente. E abraçar a alma. Em si, no outro, no mundo.

O mundo que nos inunda e a nova escuta

Aqui começamos a caminhar para a noção que Hillman nos traz de *anima mundi*, e que faz muito sentido para mim, quando, entre outros momentos, olho para o atendimento clínico das disfunções sexuais ou de qualquer outra queixa que chegue ao meu consultório.

Em um texto de 1982, intitulado "Anima mundi: o retorno da alma ao mundo", Hillman (2010a, p. 83-84) aponta que, não faz muito tempo, a queixa do paciente estava em seu interior. Um problema psicológico era considerado *intrassubjetivo*; a terapia consistia em reajustar as psicodinâmicas interiores. Complexos, funções, estruturas, recordações, emoções: a pessoa interior precisava realinhar-se, libertar-se, desenvolver-se. Conforme aponta o autor, então, mais recentemente, por causa das terapias em grupo e de família, a queixa do paciente foi localizada em suas relações sociais. Um problema psicológico era considerado *intersubjetivo*; a terapia consistia em reajustar as psicodinâmicas interpessoais nas relações entre cônjuges, entre membros da família. Nos dois casos, as realidades intra e interpsíquica estavam confinadas ao subjetivo. Nos dois casos, o mundo permanecia exterior, material e ameaçador, simplesmente como uma tela de fundo, dentro e em volta, na qual a subjetividade se manifestava. Portanto, o mundo não era a esfera de ação do foco terapêutico, conclui ele.

Porém, ainda segundo Hillman (2010a, p. 85-86), há uma urgência em revermos essa noção. Isso porque, de acordo com ele, a psicoterapia tem trabalhado com sucesso em sua esfera de realidade psíquica concebida como subjetividade, mas não tem revisto a própria noção de subjetividade. E, agora, mesmo seu sucesso nesse ponto é discutível, já que as queixas dos pacientes evidenciam problemas que não são mais meramente subjetivos, no sentido antigo. Pois, durante todo o tempo em que a psicoterapia teve êxito em aumentar a consciência da subjetividade humana, o mundo no qual todas as subjetividades são estabelecidas se desintegrou. Para o autor, o mundo, devido a sua crise, está ingressando num novo momento de consciência: por chamar a atenção para si por meio de seus sintomas, está se tornando consciente de si mesmo como realidade psíquica.

Ou seja, de acordo com Hillman (2010a, p. 87), nessa revisão sobre a realidade psíquica, podemos perceber que não apenas a minha patologia se projeta sobre o mundo; mas o mundo está me inundando com o seu sofrimento que não se alivia. E com isso, esse novo olhar, o manejo clínico se transforma.

Para Hillman (2010a, p. 88-89), a inclusão dessas questões na hora analítica pode ter efeito prático imediato.

Segundo ele, os cônjuges não mais se concentram apenas em si mesmos e em sua relação. Juntos, passam a perceber as indignidades que lhes são impostas pelo mundo. O rancor que um sente pelo outro se transforma em ultraje, e até mesmo em compaixão, à medida que despertam do sono anestesiado do subjetivismo. Eles saem da caverna mais sensíveis para a possibilidade de companheirismo, juntos em direção à luz do sol enevoada que a psicanálise lhes ensinou ser um lugar de meras sombras, apenas o cenário e os mecanismos onde representar seu drama inter e intrassubjetivo, completa Hillman. E conclui que, agora, podem analisar as influências sociais, as condições ambientais, as projeções das coisas sobre eles com a mesma acuidade que até então reservavam apenas para si mesmos. Essas pessoas que foram para a terapia de casal passam a ser o casal terapêutico cujo paciente é seu mundo.

E é nesse mundo almado que vivemos e nos constituímos com nossas dores, nossas perdas, nossas conquistas, nossas ideias, nossas superações, nossas transformações. É nesse mundo almado que o consultório se instala. Que a vida se dá. Que as patologias se apresentam. Há, portanto, que se ouvir (enxergar, tatear...) isso tudo, com uma escuta que também requer uma revisão.

O que fazer?

No olhar de Hillman (2010a, p. 93-94), podemos reagir com o coração, despertá-lo novamente. De acordo com ele, no mundo antigo, esse era o órgão da percepção. O coração era imediatamente associado às coisas pelos sentidos. A palavra em grego para percepção ou sensação era *aisthesis*, que significa, em sua origem, "inspirar" ou "conduzir" o mundo para dentro, uma reação estética à imagem (*eidolon*) apresentada. O autor segue explicando que, na psicologia grega antiga e na psicologia bíblica, o coração era o órgão da sensação. Era também o lugar da imaginação. O senso comum (*sensus communis*) alojava-se dentro e em volta do coração e sua função era apreender imagens. O espírito dentro do coração recebia e transmitia a impressão dos sentidos. A função do coração era estética.

O atendimento em consultório passaria, portanto, por essa apreciação e percepção do mundo com o coração como órgão da sensação, o lugar da imaginação, com a função de receber e transmitir as variadas impressões aos sentidos. Hillman (2010a, p. 95-96) aponta também que outro órgão e outro método deslocam a psicologia para outro altar, Vênus. Além de Saturno, com sistemas e pais; além do desenvolvimento do ego e do heroísmo de mãe e filho; ou da elucidação apolônica e do distanciamento médico; ou de Minerva, a conselheira prática de olhos cinzentos; ou da participação dionisíaca na alma comunitária; ou das transações e da comunicação mediadora de Hermes. Existe também Afrodite, que foi chamada a alma do mundo na tradução que Ficino fez de Plotino, e a quem Ficino concede o mundo sensível, conforme aponta Hillman. E ele complementa que, para compreender a descrição grega de percepção, a psicologia já deveria estar, como fez Psiquê no conto de Apuleio, no templo de Afrodite, reconhecendo que cada coisa sorri, possui fascinação, provoca *aisthesis*. "Provocar", motivar, *kaleo*: essa era a derivação de Ficino da principal característica de Afrodite, *kallos*, beleza, conclui o autor.

Portanto, vale refletir: o que será, de fato, que aquela pessoa está me contando em consultório, logo que chega e começa a trazer sua história de vida, relatando como foi sua iniciação sexual em momentos repletos de angústias, dúvidas, dores, pudores, medos, insatisfações, cobranças, preocupações e inquietações das mais variadas, e todo o desenrolar de suas histórias amorosas e sexuais subsequentes, com altos e baixos, erros e acertos, aventuras e desventuras, desilusões, novas ilusões, mais quedas, tropeços, descobertas, encobertas, alguns aprendizados, remanescências traumáticas e tudo o mais que pode jorrar de nossas vivências?

A pergunta central a ser feita, no entanto, talvez seja: como estou ouvindo tudo isso? Com a mente? Ou com o órgão proposto por Hillman, o coração, o órgão, a seu ver, da sensação e o lugar das imagens? Ou de outra forma que seja? Enfim, como?

Se for com o coração, como órgão sensitivo e imaginativo, um universo vibrante pode se descortinar à minha frente. Não é tarefa fácil fazer essa passagem para essa nova escuta, mas o esforço compensa. Tudo fica mais rico. Qualquer detalhe é um universo infinito de possibilidades. E nesse tatear, farejar, observar, ouvir e, por que não, saborear, no sentido de apreender o sabor que ali se instala (doce? amargo? saboroso? difícil de engolir? ou outro?), é que o atendimento vai ganhando corpo. E alma.

E no que o mundo almado, e adoecido, pode ajudar a ampliar essa minha escuta? Como isso se conjuga com os relatos, os desabafos, as queixas, a dor de quem ali está? Talvez (mas não só) não perdendo a dimensão do quanto esse sofrimento do mundo, que não se alivia, me inunda. E, claro, inunda a pessoa à minha frente.

Um jeito claro de se aperceber disso é lembrar do quanto os relacionamentos amorosos e sexuais ficaram "disfuncionais" com a chegada da pandemia de covid-19 ao mundo. Mortes, perdas, reclusões, desinformações, pânicos, desesperos, desesperanças. O que não se vê a olho nu dizimando milhões de pessoas. E tendo mutações. Mais variantes. Mais medo. Mais pânico. Movimento de pesquisa, correria, descoberta. Vacina. Esperança. Descrédito para uma parcela. Enfim, mundo em ebulição. Pessoas em ebulição. Vida amorosa em ebulição. Sexo *idem*: dificuldade de ereção, de ejaculação. Baixa de desejo. Dor na penetração. Dificuldade de orgasmo. Tudo agora. Mas há que se dar tempo ao tempo. Há que se aguardar arrefecer a ebulição. O atendimento clínico passeia, justamente, por aí: pela validação da dor, pela empatia, pelo aguardo. E pelo olhar para os sintomas das ebulições vivenciadas.

A dificuldade sexual como sintoma

Aqui adentramos a noção de dificuldade sexual como sintoma (ou símbolo) de algo que não vai bem na psique. Também nesse ponto vou me utilizar de Hillman e de uma metáfora trazida por ele que pode ajudar a refletir melhor sobre isso. Vamos nos aproximar, também por aqui, da queixa aos poucos, pois há que se ampliar e aprofundar o olhar. Ou a escuta.

Para Hillman (2010a, p. 99), a consciência das coisas poderia se estender à noção de autoconsciência, a partir das constrições do subjetivismo. Um analista sentado em sua poltrona o dia todo tem mais consciência das mais leves oscilações do seu desejo sexual do que do grande desconforto causado por essa sua poltrona: seu encosto construído de forma errada, o tecido que retém calor, a tapeçaria e a cola de aldeído fórmico. Seu sentido animal foi treinado para reparar somente em um grupo de propriocepções, a ponto de excluir a realidade psíquica da cadeira. Um gato a conhece melhor.

Uma bela alfinetada a que o autor nos dá, não é mesmo?

Sejamos, pois, mais gatos. Há que se aprender isso também. E mais: a meu ver, esse aperceber do gato, a escuta com o coração de Hillman, flerta com o trabalhar na contratransferência de Jacoby. Ou seja, um outro tipo de escuta, de atenção, de percepção, de olhar para as imagens que vai muito além do que está sendo apreendido apenas por um ou outro órgão de sentido. Uma escuta que se deixa "contagiar" pelo que se passa e nos atravessa. E que, claro, faz algo com esse "contágio", ou seja, trabalha isso no processo analítico. Com essas noções habitando em mim, ora mais vividamente, ora nem tanto, é que procuro seguir no desafio diário que é a prática clínica em psicologia analítica, seja para quais queixas forem.

Cabe aqui uma digressão sobre o meu tipo psicológico. É muito curioso como me percebo extrovertida, e também introvertida. Sentimento, e também pensamento. Intuição, e também sensação. Ora algo grita mais, ora menos. Ora algo desaparece, ora reaparece. Observo isso com o caminhar da vida e, mais acentuadamente, com a entrada em sua segunda metade. O processo de amadurecimento e envelhecimento me aquietou para poder escutar-me melhor com o coração perceptivo e imaginativo proposto por Hillman. Ao mesmo tempo, me inquietou. Entrei, e entro, como o mundo, em uma ebulição sem fim.

Mas por que trago isso aqui? Porque o meu atendimento clínico, nessa visão que procuro aqui esboçar, é atravessado pelo que me atravessa, pelo mundo que nos inunda. O que se constela em mim, em dado momento, em dada fase da vida, em dado período, naquele dia, naquela hora, vai interferir na minha prática clínica, por mais que todo o meu ser busque dedicar atenção completa a quem está à minha frente.

Mas o mundo é almado. Eu também sou, bem como quem estou atendendo. Tudo isso se conjuga e compõe a realidade psíquica, ou as realidades psíquicas, inseridas no vaso alquímico da sessão.

Quando atendo, ao meu lado, próximo à minha poltrona, em geral há um ou mais dos meus cachorros. Como os atendimentos são *online*, o mundo aqui é de temperaturas elevadas e eu sou uma pessoa que já entrei na menopausa, a sala é fechada e climatizada. A minha presença e o geladinho do ar-condicionado os atrai. Passam longas horas aqui comigo (como agora, em que escrevo da minha poltrona, neste momento, e há um deles aqui embaixo). E, nesse trabalho com a contratransferência em um mundo almado, percebo grandes contribuições da presença dos meus animais. Quando a sala esquenta demais, por exemplo, eles começam a se movimentar e arfar, sua forma de demonstrar que há muito calor, que a temperatura está em desequilíbrio. Será que há algum aquecimento incômodo naquele atendimento também? Preciso regular melhor o fogo, conforme fazem os alquimistas? E quando pedem para entrar ou sair da sala, será que algo mais também está pedindo passagem, em mim, na outra pessoa? Há falas incômodas para querer partir? Ou acolhedoras para querer se chegar, e aconchegar? Enfim, o que se passa?

Posso citar infinitos exemplos dessa relação com os cachorros, ou com o ambiente, ou comigo mesma. *Insights*, imagens, observações, vivências. A alma o tempo todo se comunicando conosco, algo tão espontâneo, frequente e natural que quase não colocamos atenção nisso. Mas, uma faísca que seja, pode impactar como algo divino, *numinoso*, transformador. Uma centelha. Para quem, de fato, ali estiver.

Para além dessa magnitude, há também a coisa em si. A queixa. O sintoma. A pessoa à sua frente, ávida por uma solução imediata para a própria dor. Outro nível de comunicação e apreensão do mundo precisa entrar, também, no campo, pelo menos para soprar um pouco as feridas. É a hora da conversa, do questionar e pontuar, do ajudar a pensar e, até mesmo, orientar, especialmente quando a queixa-sintoma, no caso uma dificuldade na prática sexual, carece de informações que deveriam ser de conhecimento básico: o funcionamento do corpo na hora do sexo, a resposta sexual.

A ereção é assim ou assado, a ejaculação, o orgasmo, o desejo, as excitações. O período de resolução. As mudanças ao longo da vida. As sensações corporais. Os fluidos. As infecções. Os cuidados. As preocupações. As prevenções. Enfim, tudo cabe no pacote de orientações, em uma breve tradução para o universo do atendimento sobre o que a sexologia construiu de conhecimento acerca da prática do sexo. Mas isso é uma parte (mesmo que necessária em muitos casos, a meu ver) ínfima diante do trabalho a ser feito, que é a escuta da alma, e para a alma.

Voltemos a ela.

Uma paciente bastante jovem chegou ao consultório com queixa de vaginismo, que é a incapacidade de ter relação sexual com penetração do pênis na vagina. Em linhas gerais, a sexologia informa que, por um desencadear psíquico, a vagina contrai involuntariamente sua musculatura, fechando totalmente o orifício de entrada e impedindo a prática sexual. Mas o que será que está desencadeando esse contrair que, no caso dessa paciente, a acompanhava por longos anos, ou melhor, desde que tentou iniciar sua vida sexual com o primeiro e, até então, único namorado de adolescência? O que esse sintoma, o vaginismo, queria dizer do que se passava em sua vida, em sua alma?

Começa-se, então, um trabalho de levantamento da história de vida da paciente, sua construção familiar, suas crenças, seus valores, sua noção sobre sexo e sexualidade, seus medos, suas preocupações, suas inquietações, seus aprendizados, suas expectativas, seus desejos. Mas o olhar, em breve (ou desde sempre), estará mais centrado no que há por trás, ou por todos os lados, das vivências e percepções relatadas.

No caso dessa paciente, entre outras questões, havia uma profunda dificuldade de ir contra a moral familiar e religiosa de que sexo só poderia ser feito após o casamento. Mas em função de que essa moral gritava nela? O que mais girava em torno disso? A raiva de uma traição do namorado e a não vontade de seguir uma vida tão regrada que a levaria em breve a um casamento, caso o vaginismo não estivesse em jogo, e outras dificuldades mais de vida que faziam palco para a disfunção sexual se instalar. Era protetor e mais prazeroso não fazer sexo, do que fazer. Ao mesmo tempo, era incômodo e torturante vivenciar justamente essa dinâmica.

Isso foi o que o trabalho com a mente trouxe. Com a escuta do coração, vieram sutilezas. Havia um apegar-se a uma persona de "boa filha" como aquela que não desafia a "ordem" paterna de sexo só pós-casamento. Havia um pavor de resgatar da sombra uma mulher adulta jovem que quer viver relações de todo tipo, sexuais ou não, com quem o desejo lhe permitir seguir. Havia uma não comunicação consigo, que emergia com força devastadora a cada sonho recorrente com um telefone celular, que tocava e ela não atendia, que era perdido sabe-se lá onde, de outra feita saqueado, e tantas outras situações angustiantes em torno de não conseguir falar no aparelho. Falar com quem? O quê? Para quê? Como? O que era preciso escutar disso?

Claro que trago apenas um breve recorte e algumas reflexões sobre o caso em questão. Afinal, esse não é um estudo de caso clínico, sabemos todos. Justamente por isso, a ideia é ilustrar algumas percepções da clínica das dificuldades sexuais à luz da psicologia analítica, sem perder de vista o que diz a sexologia acerca do sintoma em si. O que pretendo mostrar é que, no atendimento a problemas com a prática do sexo, ou em qualquer outro, o trabalho que se faz é o mesmo, no sentido das noções de homem e de mundo que o embalam, independentemente da queixa que se apresenta.

Como Jung (OC 16/1, § 52) alerta em *A prática da psicoterapia*, se num manual de patologia constar que para uma determinada doença são indicados numerosos remédios e das mais variadas espécies, poderemos concluir disso que nenhum deles deve ser realmente eficaz. Assim também, se nos indicarem muitos caminhos diferentes para chegarmos à alma, então poderemos concluir tranquilamente que nenhum deles é infalível na consecução do objetivo, e que, provavelmente, os menos recomendáveis são os apregoados com fanatismo. Conforme aponta Jung, a multiplicidade das psicologias contemporâneas é, na verdade, sinal de insegurança. Pouco a pouco, o acesso à alma, como a própria alma, aliás, vai revelando sua grande dificuldade, evidenciando sua enorme problematicidade. Consequentemente, não é surpreendente que as experiências se acumulem, numa tentativa de acercar-se do enigma inatingível, por enfoques sempre novos, por ângulos cada vez diferentes. É inevitável, portanto, que os pontos de vista e as opiniões se entrechoquem e se multipliquem.

Continuemos, portanto, um pouco mais por esse caminho. Trago a seguir recortes de atendimentos que fiz a pacientes com queixa-sintoma de disfunção erétil, a dificuldade de ter e de manter a ereção, de origem "psicogênica", como aponta a sexologia. Ou seja, sem implicações orgânicas que impeçam que a resposta sexual se dê de forma satisfatória. Em outras palavras, com a dificuldade de ereção como sintoma, ou símbolo, de que algo não vai bem na alma. Vejamos um a um.

Um paciente de 19 para 20 anos de idade não conseguia ter ereção desde as primeiras experiências sexuais, aos 16. Chegou ao consultório em atendimento agendado pela mãe, que temia que o filho não fosse "viril o suficiente para lhe dar netos". A mãe castradora e o complexo materno em seus aspectos negativos gritavam no rapaz, que só pôde iniciar uma relação mais saudável com os prazeres corporais quando se apercebeu do quanto traía a si mesmo, ao que sua essência pedia, ao se curvar ao ideal de virilidade imposto pela mãe. E pelo mundo, almado e adoecido. Foi libertador quando se permitiu viver suas primeiras experiências com o colega de faculdade. Perceber-se homossexual foi apenas um (gigantesco) dos infinitos passos que precisava dar em busca do que sua alma pedia.

Outro paciente na faixa dos 30 anos procurou atendimento por conta da incapacidade de ter ereções com a mulher. Quando namorados, o sexo era mais interessante, mais solto, menos enquadrado em padrões. Investigando um pouco mais a fundo, o sexo interessante, solto e sem padrões era, na verdade, vivenciado enquanto solteiro, mas em outro relacionamento, que havia ficado para trás. Eros fazia falta. Afrodite também. Dioniso, *idem*. E Psique tinha ido embora, mas desejava ser resgatada, reintegrada. Naquele relacionamento, a parceria era para outros fins, que a alma foi revelando aos poucos ao longo do processo analítico. Ao se aperceber disso, entre outras questões, o paciente foi perdoando a si e à parceira, e podendo, usando as palavras de Hillman, sair da caverna de mãos dadas com ela para vivências mais cheias de luz, e de prazer sexual. A dificuldade-sintoma apontava, entre outras questões, para isso, e pôde ir sendo superada à medida que a alma pôde ir sendo ouvida.

Já um paciente por volta dos 45 anos buscou atendimento em meu consultório por indicação de um médico urologista que o medicara para dificuldades de ereção. Mas a medicação não fazia efeito. O corpo físico não respondia. Havia certamente algo de emocional, de psíquico, como assinalara o médico a ele. Sim, a alma estava totalmente adoecida, anestesiada, adormecida ou o que mais pudermos usar para ilustrar a distância vertiginosa que separava o paciente do que sua essência pedia. Tudo era milimetricamente calculado em função de um corpo físico cada vez mais esculpido para manter uma juventude a todo custo, uma aparência que se encaixasse aos padrões de um universo em que o desejo de perfeição se sobrepõe a tudo e a todos. Ao ir percebendo esse distanciamento e ir se aproximando da alma, o paciente foi capaz de começar a se transformar, e se mover do lugar de pequenez em que se colocava (diante de si, da outra pessoa, do mundo), para vivenciar suas potências, incluindo a sexual.

Mais um paciente, desta feita um na faixa dos 65 anos, veio para a análise a fim de se recuperar de uma traição feminina que, segundo ele, o deixara impotente. Chegou trazendo um sonho. Ei-lo: ele observava de longe, escondido atrás de um sofá, homens másculos negros transando com mulheres femininas e miúdas, de origem asiática, em um bordel. Até que um dos homens percebe a presença dele e o espanca. Num próximo momento, ele não está mais espancado, mas sim na cama com as prostitutas jovens e coloca uma flor bem miúda no ânus de uma delas.

Cada imagem desse sonho pode nos levar a páginas e páginas de associações. E o paciente em análise? Nada. Nem uma palavra. Seguimos como pudemos por ali. Ficamos com a imagem, olhando para ela. O que chamava mais a atenção? O espancamento. A flor no ânus. O que é espancar? Quem bate? Como bate? Para que e por que bate? Em quem? Quem apanha? Como? Onde bate? Dói? O quanto dói? O que dói? Que flor é essa? O que é flor? Para que serve? Há beleza? Há feiura? Que beleza? Que feiura? Para que no ânus? Por que no ânus? O que é esse orifício? Como a flor se encaixa? Será que se encaixa? O que faz ali?

Fizemos inúmeras perguntas, para tentarmos enxergar melhor com o coração. Por várias sessões seguintes essas e outras imagens do sonho retornaram ao nosso vaso hermético. E muitos outros sonhos vieram, como o de uma construção em formato de mandala, que ele precisou concretizar em seu sítio, planejando uma obra de chalés dispostos em círculo que acolhessem o pai, a família, os amigos..., bem como a si e a alma. E os símbolos, as imagens do inconsciente, iam se intercalando, assim, com as vivências, as possibilidades (ou não) de reflexão e as necessidades de literalização, entre outras questões desse paciente.

Tudo o que a alma queria, portanto, era ser ouvida, parar de ser traída. Ele precisava ser fiel a si mesmo, à sua essência, à sua alma, e se permitir viver o que quisesse viver, da forma como pudesse, fosse na cama, fosse fora dela. O mundo o inundava de referências de virilidade, como dos homens másculos negros; e de figuras femininas estereotipadas, como das asiáticas do bordel, prontas para satisfazer os desejos de quem pudesse ser viril. Todo esse sofrimento do mundo adoecido se entrelaçava com sua história de vida e suas dores das mais variadas, que o diminuíam e o colocavam em local de observador espancado. Aos poucos, após quedas e muitos revezes, reaproximação com o pai, a família, os amigos e outras relações até então perdidas, pôde ir se permitindo vivenciar outras parcerias amorosas, e até mesmo ficar só. Ou melhor, ficar consigo, tentando escutar, em um desafio constante, o que a alma de fato pedia. O prazer de vida foi sendo resgatado, as cobranças e inseguranças foram cedendo lugar a aceitações sobre si e suas limitações. A ereção e o prazer sexual foram emergindo, passo a passo, como consequência de todo esse caminhar.

Todos esses recortes nos trazem para um lugar, que enfatizo novamente aqui: o da escuta com o coração para o que a alma tem a dizer, a mostrar, a revelar, e que a queixa sexual apresenta como sintoma no corpo. Esse olhar não é diferente do que podemos fazer com qualquer outra queixa que emerja no dia a dia do consultório, seja ela de uma pessoa jovem, seja de um adulto ou idoso, de qualquer gênero e qualquer forma de vivenciar sua vida amorosa, suas paixões e seus desejos afetivo-sexuais.

Cabe aqui trazer mais uma noção de Hillman (2010b, p. 81) quanto à alma. Conforme ele aponta em *Re-vendo a psicologia*, no começo está a imagem; primeiro imaginação, depois percepção; primeiro fantasia, depois realidade. Ou como Jung coloca: "A psique cria realidade todos os dias. A única expressão que posso usar para essa atividade é fantasia". Para Hillman, portanto, o homem é primariamente um criador de imagens e nossa substância psíquica consiste de imagens; nosso ser é um ser imaginal, uma existência na imaginação. E ele conclui que nós somos realmente feitos da matéria dos sonhos.

Hillman (2010b, p. 81) também complementa que, devido a nossa matéria psíquica ser imagem, fazer imagem é uma *via régia*, um caminho real para o cultivo da alma. Engendrar alma requer sonhar, fantasiar e imaginar. Viver psicologicamente significa imaginar; estar em conexão com a alma é viver em conexão sensorial com a fantasia. Estar na alma é experimentar a fantasia em todas as realidades e a realidade essencial da fantasia.

Aponto aqui essas ideias a fim de reforçar a importância de, no atendimento clínico, lembrarmos que somos uma alma humana diante de outra alma humana, e que o universo propício para trabalhar com a alma e para a alma é por meio dela, ou seja, sonhando, fantasiando, imaginando. Enfim, engendrando alma, como enfatiza Hillman (2010b, p. 82-83), que também assinala que a liderança de

Jung neste território imaginal abriu uma visão de personalidade que não é mais monocêntrica, e sim policêntrica. Devido à psicologia profunda de Freud e Jung, temos um modelo mais completo de nós mesmos. Concebemos nossa natureza psicológica como naturalmente dividida em partes e fases, uma composição de níveis históricos anteriores e posteriores, várias zonas e camadas de desenvolvimento, muitos complexos e pessoas arquetípicas. Para o autor, por termos nos dado conta que cada um de nós é normalmente um fluxo de figuras, não precisamos mais ser ameaçados pela noção de personalidade múltipla. Posso ter visões e ouvir vozes; posso conversar com elas e elas entre si sem, contudo, estar insano.

Permitir-se ter visões, ouvir tais vozes e dialogar com elas é um movimento transformador quando se trata, entre outras, de queixas-sintoma como as dificuldades sexuais. Uma mulher que se queixa de dificuldade de orgasmo, por exemplo. Ou de dor na penetração. Ou de baixa de desejo sexual. O que a dificuldade lhe diz? Como a alma se comunica por meio dela? O que é preciso fazer para sair desse lugar e se mover para outro mais ensolarado, fora da caverna? Onde dói? O que dói? O incômodo é como se fosse o quê? Um monstro? De que tipo? Do que é feito? O que ele quer? Para onde quer levá-la? O que espera de você? Com que ele se parece? O que lhe faz lembrar? Algo já vivido? Onde? Como? E esse algo se parece com quê? Dá medo? Raiva? Irritação? O que lhe transmite?

O diálogo é infinito. A imaginação *idem*. E o mesmo se dá com os sonhos. Permitir-se olhar para eles, dialogar com as imagens, deixar que dialoguem entre si, é revelador. O atendimento segue, portanto, por essas trilhas: inéditas, tortuosas, impactantes, surpreendentes, angustiantes, curativas, transformadoras.

O mergulho em águas mais profundas

Nesse contexto, há várias camadas a se levar em conta, a se olhar, a mergulhar. Tomemos as dificuldades com o desejo sexual como exemplo. A sexologia aponta que podem existir causas orgânicas, como distúrbios ou qualquer outro algo que interfira na produção hormonal. Ou na saúde como um todo, trazendo baixa de resistência e de energia/disposição para a vida. Mas os hormônios, ou outro fator orgânico, talvez sejam apenas um substrato para a questão. Há muito mais em jogo, dentro da cama e fora dela, que pode estar corroborando para disfunção sexual. Como é a relação daquela pessoa com o sexo e a sexualidade, sua história de vida amorosa e sexual, suas descobertas, seus mitos e tabus, seus conceitos e preconceitos, entre outros; e como anda a relação, por exemplo, daquele casal como um todo, o dia a dia do romance (ou ausência dele), são apenas algumas informações a investigar, entre outras. Mas isso ainda compõe a superficialidade, o que está por fora, o que se vê aos olhos nus.

No fundo, há que se fazer mais: há que se mergulhar em águas mais profundas. Exatamente como aponta

Hillman (2020, p. 155), em *Anima*, um trabalho de 1985 que amplia e aprofunda nossas noções sobre a alma e no qual ele assinala que as explicações da *anima* apontam para o inconsciente e fazem-nos ainda mais inconscientes. De acordo com o autor, ela mistifica, produz charadas de esfinge, prefere o secreto e o oculto onde ela pode permanecer escondida; insiste na incerteza. Ao conduzir qualquer coisa conhecida para longe de suas bases sólidas, ela carrega qualquer questão a águas mais profundas, o que é também um modo de cultivar a alma.

Ou seja, não é preciso reinventar a roda para fazer a clínica das dificuldades sexuais. Desde que não se perca de vista a busca pelas profundezas, já que estamos aqui falando em psicologia profunda, e não em outras abordagens e ontologias, basta que cada analista faça do seu jeito, com as próprias referências, com o seu modo de perceber, intuir, sentir e pensar o mundo. Afinal, se é um encontro de almas, o que a alma do analista quer desse encontro? O que quer falar para ele e por ele? E aqui voltamos para o ponto de onde partimos nesta parte do livro: a importância do encontro analítico, do encontro de almas, e o quanto, conforme nos alertou Jacoby, ele pode favorecer ou comprometer o processo psicoterapêutico. Aqui, também, há que se perguntar: o que a alma quer com isso (o favorecimento, o comprometimento)? Sempre há algo a revelar, sobre si, sobre o outro, sobre o mundo. Há que se trabalhar com isso, e para isso.

Na verdade, nossa pergunta suprema em análise, na clínica das disfunções sexuais ou em qualquer outra, talvez seja, sempre: o que quer a alma (e não o ego)? Evoco aqui Hillman (2020, p. 113) mais uma vez, que afirma que a "relativização do ego", trabalho e objetivo da fantasia de individuação, torna-se possível, no entanto, desde o começo, se deslocarmos nossa concepção da base da consciência, de ego para o arquétipo da *anima*, do eu para a alma. Então, segundo ele, percebemos desde o princípio (*a priori* e por definição) que o ego e todas as suas fantasias de desenvolvimento nunca foram, nem no começo, o fundamento da consciência, porque consciência refere-se a um processo que tem mais a ver com imagens do que com vontade, com reflexão do que com controle, com um *insight* reflexivo da "realidade objetiva" do que com a manipulação dessa realidade.

Estamos falando de relativizar o que nos define como um ponto primordial para que nossa transformação, qualquer que seja ela, em qualquer que seja o tempo, o momento, o campo, o espaço, de fato se dê. De acordo com Hillman (2020, p. 113), em vez de encararmos a *anima* do ponto de vista do ego, onde ela se torna um humor pernicioso, uma fraqueza inspiradora ou uma compensação contrassexual, devemos encarar o ego da perspectiva da alma, em que o ego torna-se um instrumento para a batalha do dia a dia, nada mais grandioso do que um confiável zelador das casas planetárias, um servo do cultivo da alma. Para o autor, essa perspectiva pelo menos dá ao ego um papel terapêutico, em vez de forçá-lo a uma posição antiterapêutica, um velho rei teimoso a ser relativizado.

Sem isso, nada acontece na alma. O atendimento clínico navega, portanto, por essas águas turbulentas. Até porque é do humano, em nós e nas pessoas à nossa frente, nos agarrarmos com unhas e dentes ao já conhecido, descoberto, familiar. Aos mandos e desmandos no ego, que não quer perder o seu trono.

Isso pode ser visto na disfunção sexual, sintoma de algo nada saudável acontecendo naquele reinado. Como no homem com ejaculação precoce, ansioso ao extremo para que tudo aconteça no tempo dele, o mais rapidamente possível, o futuro sendo agora, e não daqui a pouco, daqui a um tempo, um tempo desconhecido. Ou no homem com a dificuldade de atingir o orgasmo, o clímax sexual, e ejacular, ansioso pelo controle de tudo e de todos, até mesmo de uma reação espontânea de seu corpo, que ocorreria naturalmente quando o prazer ganhasse espaço para fluir livremente, ou seja, sem os controles seja lá de que instância for. Ou como em qualquer pessoa, diante de qualquer dificuldade sexual, seja ela de qualquer sexo ou gênero, e em qualquer forma de vivenciar a sexualidade.

Vou parando por aqui com uma reflexão: atender em consultório psicológico, ou melhor, a análise em psicologia profunda, vai além de "prestar um serviço à alma", ou seja, ser terapeuta da psique, ou psicoterapeuta como a própria palavra diz. Conforme aponta Hillman (2020, p. 12), mais do que isso: o *devotio* à *anima* não é o chamado da psicologia?

A clínica em psicologia analítica (seja para o tratamento das dificuldades sexuais, seja para qualquer outra demanda), seria, pois, menos uma prestação de serviço e mais uma prática de devoção à alma, algo religioso no sentido de cultuar. Ouvi isso, com o coração, em um grupo de estudos da alma, ou *anima*, com o analista Gustavo Barcellos. E fez muito sentido para mim, na vida como um todo e, especialmente, na clínica que me proponho a fazer e que procurei esboçar neste livro.

Considerações e reflexões

Enfim, como atender e tratar, em consultório, as principais queixas sexuais que se apresentam, tais quais as disfunções de desejo, excitação e orgasmo, tendo como base a psicologia analítica? É possível construir pontes entre a sexologia e a abordagem junguiana? Qual o meu olhar para isso tudo? Como é o meu trabalho com isso tudo?

Ao iniciar estes escritos, me propus a percorrer a obra de Jung e de junguianos, além de visitar a sexologia, a fim de responder às questões citadas acima. Pude perceber, nessa caminhada, que o atendimento às queixas sexuais é algo similar ao tratamento a quaisquer queixas que chegam ao consultório, sejam elas sexuais, ou não.

No entanto, como em quaisquer queixas, há que se mergulhar nas suas especificidades, saber mais sobre elas, estudar, pesquisar, conhecer, aprofundar, ampliar. O mesmo com as queixas da prática sexual: há que se saber, por exemplo, questões básicas acerca da resposta sexual humana, como um olhar complementar, para auxiliar no mergulho.

No consultório, no encontro analítico, há infinitas formas de trabalho clínico. Uma delas é trabalhar na contratransferência, conforme aponta Jacoby, sem perder de vista o mundo almado, como ressalta Hillman.

Nesse processo, há que se trabalhar com as imagens (psique é imagem) e relativizar os poderes do ego, formulando a cada pouco a pergunta suprema: o que a alma quer, pede, busca?

Há que mergulhar nas profundezas para encontrar as respostas e, assim, conseguir se mover para fora da caverna e se transformar.

Também pude notar que sim, é possível construir pontes entre a sexologia e a abordagem junguiana, sendo que, a meu ver, as noções vindas daquela primeira podem ser utilizadas a título educativo por pacientes e analistas, especialmente quanto às noções de funcionamento orgânico (a resposta sexual e suas disfunções) no que tange à prática do sexo, enquanto a segunda compõe o coração e a alma da prática clínica, do mergulho em si, no outro e no mundo, a fim de se aproximar do que a essência de cada pessoa pede.

Nesse contexto, cabe salientar, a disfunção sexual emerge como sintoma, ou símbolo, de algo que não vai bem na alma, na psique, e é preciso ouvir (enxergar, tatear, farejar, saborear…) esse grito do corpo.

O meu olhar para isso tudo passa por noções como essas, e por outras tantas mais, que descubro no dia a dia da minha prática clínica e das minhas vivências nesse mundo almado e, ao mesmo tempo, tão adoecido ao qual pertencemos todos.

Passa também pela certeza, ou esperança, de que sempre há possibilidades de transformação.

No entanto, o caminho não é simples, conforme nos mostra Jung ao longo de sua obra e ilustra com a bela citação que retomo das páginas iniciais desta nossa conversa: "A vida sempre é uma viagem entre Esquila e Caríbdis".

A clínica das dificuldades sexuais, a meu ver, também o é.

Referências

Abdo, C. H. N., & Fleury, H. J. (2006). Aspectos diagnósticos e terapêuticos das disfunções sexuais femininas. *Revista de Psiquiatria Clínica*, *33*(3), 162-167.

Apuleio. (2009). *Eros e Psiquê* (F. Gullar, Trad.). FTD.

Associação Americana de Psiquiatria. (2023). *Manual Diagnóstico e Estatístico de Transtornos Mentais* (5a ed.). Artmed.

Barcellos, G. (2010). O amor entre parceiros do mesmo sexo e a grande tragédia da homofobia. *Cadernos Junguianos*, (6), 26-41.

Chevalier, J., & Gheerbrant, A. (2008). *Dicionário de símbolos*. José Olympio.

Cunha, A. G. (1986). *Dicionário Etimológico Nova Fronteira da Língua Portuguesa*. Nova Fronteira.

Feldman, B. (2006). A infância de Jung e sua influência no desenvolvimento da psicologia analítica. *Cadernos Junguianos*, (2), 104-148.

Foucault, M. (1988). *História da sexualidade*. Vol. 1. A vontade de saber. Graal.

Gregersen, E. (1983). *Práticas sexuais. A história da sexua-*

lidade humana. Roca.

Hillman, J. (2010a). *O pensamento do coração e a alma do mundo*. Verus.

Hillman, J. (2010b). *Re-vendo a psicologia*. Vozes.

Hillman, J. (2020). *Anima. A psicologia arquetípica do lado feminino da alma no homem e sua interioridade na mulher*. Cultrix.

Houaiss, A., & Villar, M. S. (2009). *Dicionário Houaiss de Língua Portuguesa*. Objetiva.

Imperatrice, M. (2015). *O falar da alma nas disfunções sexuais*. IJUSP.

Jacoby, M. (2011). *O encontro analítico*. Vozes.

Jung, C. G. (1975). *Memórias, sonhos, reflexões*. Nova Fronteira.

Jung, C. G. (2011). *A prática da psicoterapia* (Obra Completa, Vol. 16/1, 13a ed.). Vozes.

Jung, C. G. (2011). *A vida simbólica* (Obra Completa, Vol. 18/2, 3a ed.). Vozes.

Jung, C. G. (2011). *Civilização em transição* (Obra Completa, Vol. 10/3, 4a ed.). Vozes.

Jung, C. G. (2012). *Ab-reação, análise dos sonhos e transferência* (Obra Completa, Vol. 16/2, 9a ed.). Vozes.

Jung, C. G. (2012). *A natureza da psique* (Obra Completa, Vol. 8/2, 9a ed.). Vozes.

Jung, C. G. (2014). *Psicologia do inconsciente* (Obra Completa, Vol. 7/1, 24a ed.). Vozes.

Kaplan, H. S. (2011). *The new sex therapy*. Routledge.

Muller, L. (2016). *Sexo para adultos*. LeYa.

Organização Mundial da Saúde. (2019). *Classificação de Transtornos Mentais e de Comportamento da CID-11*. OMS.

Santana, E. (2017). *Jung and sex*. Routledge.

EDITORA VOZES LTDA.
Rua Frei Luís, 100 – Centro – Cep 25689-900 – Petrópolis, RJ
Tel.: (24) 2233-9000 – E-mail: vendas@vozes.com.br